4倍速で成果
を出すチームリーダー
の仕事術

# 4倍速

4X ▶▶ 团队高速经营方法论

[日]高桥恭介 ◎ 著　张蓉 ◎ 译

北京联合出版公司
Beijing United Publishing Co.,Ltd.

图书在版编目（CIP）数据

4倍速：团队高速经营方法论 / (日) 高桥恭介著；张蓉译. -- 北京：北京联合出版公司, 2020.6
ISBN 978-7-5596-4163-2

Ⅰ. ①4⋯ Ⅱ. ①高⋯ ②张⋯ Ⅲ. ①企业经营管理 Ⅳ. ①F272.3

中国版本图书馆CIP数据核字(2020)第059402号

4 BAISOKU DE SEIKA WO DASU TEAM LEADER NO SHIGOTO JUTSU
Copyright © 2019 by Kyosuke TAKAHASHI
All rights reserved.
First original Japanese edition published by PHP Institute, Inc., Japan.
Chinese translation rights arranged with PHP Institute, Inc., Japan.
through CREEK & RIVER CO.,LTD. and CREEK & RIVER SHANGHAI CO., Ltd.
Copyright in the Chinese simplified language
translation ©2020 by Beijing Adagio Culture Co.Ltd.

北京市版权局著作权合同登记　图字：01-2020-1405

## 4倍速：团队高速经营方法论

作　者：[日]高桥恭介
译　者：张　蓉
选题统筹：邵　军
产品经理：张志元　唐馨馨
责任编辑：李　伟
封面设计：异一设计
版式设计：红杉林文化

北京联合出版公司出版
（北京市西城区德外大街83号楼9层　100088）
北京联合天畅文化传播公司发行
天津旭丰源印刷有限公司印刷　　新华书店经销
字数180千字　　880毫米×1230毫米　1/32　　8印张
2020年6月第1版　　2020年6月第1次印刷
ISBN 978-7-5596-4163-2
定价：49.80元

**版权所有，侵权必究**
未经许可，不得以任何方式复制或抄袭本书部分或全部内容
本书若有质量问题，请与本公司图书销售中心联系调换。电话：(010) 64258472-800

# 前言

我是明日之团公司的高桥恭介。

2008年，雷曼公司发生危机后不久，我凭借一己之力，创立了"明日之团股份有限公司"。

从那时算起，明日之团公司已然走过了10年的漫长岁月。如今，已有2000多家企业引进了由本公司提供的人事考核制度及服务。近5年以来，本公司连续实现了200%的增长率，与前一年同期相比翻了一番。

不仅是人事考核制度，近年来越来越多的企业被本公司的管理方式与团队模式所吸引，而且将该模式引入公司管理中。其中也不乏许多上市企业。

正因为我对团队具有强烈的执念与期望，才在为公司取名时加入了"团队"一词。而且从我凭借一己之力创立明日之团公司的那一刻起，都在用自己独特的哲学思想指导并管理着我的团队。

将公司中每一位员工的不同个性充分调动出来，而且将其用于团队合作中，就可以提升个人乃至整个团队的业绩。

这就是我在本书中要阐明的"团队"这个名词。

如果你经营着一家没有雇员的公司，而且把自己看作一个团队，发挥自己领导与管理团队的才能，也会产生"只有一个人"所无法拥有的力量。这样的事例比比皆是。

而当公司的员工增加到2个人、3个人，甚至5个人、6个人的时候，是否真正地运用了团队的组织形式与运作方式，将直接决定团队与成员的工作热情、行为和业绩。

我在创立明日之团公司前，曾在一家名叫Primo Japan的新娘珠宝公司担任副总经理。

如今，这家公司已成为该行业的实力派企业，知名度也在直线上升。而我刚刚进入这家公司的时候，只有几位员工，我也仅仅是该公司的一名普通员工。从那时起，

前言

我在公司内部组建了多个团队，用团队协作的精神鼓舞团队成员与公司的全体员工。功夫不负有心人，经过不懈的努力，最终我成长为公司高层管理团队中的一员。

不管是在以前的职场生涯中，还是现在，每次遭遇失败时，我都与同事们患难与共，坚持不懈地努力工作，而且发展着我们的团队。

图1是我根据最初在MTG公司时的资料制作而成的图表。我认为有些数据修改一下更好。

**图1 提高业绩的参考指标**

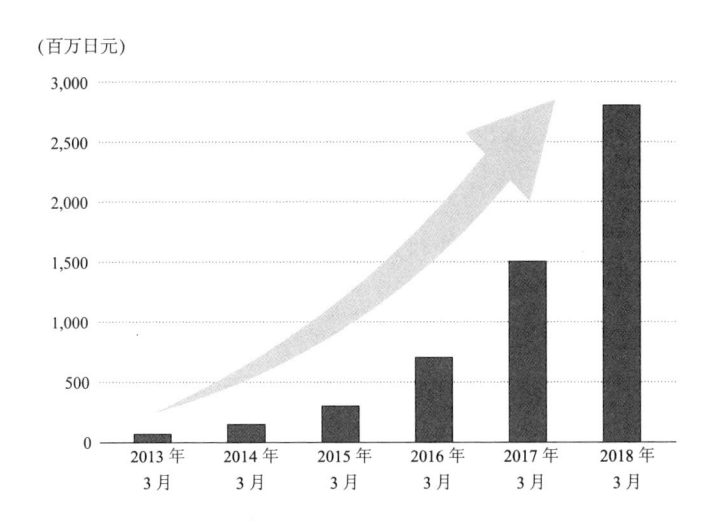

（百万日元）

3

在本书中，我将为大家介绍一些组建团队的方法及团队领导者的工作秘诀，这些都是我在不断摸索中积累的，而且颇具成效。它们都是我多年来工作实践的总结，在明日之团公司实施过，而且取得了骄人的业绩。

若将自己管理团队的特色用一句话表达，那就是"提升4倍的速度"。一直以来我都非常重视速度。

具体的理由我会在序章中详细阐述，这里我只想说一点，那就是我注重速度的原因之一是为了适应商务环境的急剧变化。对于管理企业来说，追求速度是理所当然的。而对于团队领导者来说，同样不能缺乏速度感。

而且速度感会使人感觉兴奋，人们一旦习惯了这种速度，就会沉迷其中无法自拔。事实也的确如此，习惯在风险投资行业拼搏的人，体会到了充满速度感的工作的乐趣，转而进入大企业时，总会觉得有点枯燥乏味。

"提升4倍的速度"会让团队领导者在工作中体会到从未有过的快乐。

"啊？真有这种事吗？提升了速度，完成工作不

## 前言

是会变得更加困难了吗？"

从未品尝过这种速度感的人往往都会这样想，说起来，这也在情理之中。然而，提升速度会带来乐趣并非是谎言。只要你能按照本书提供的一种或两种方法去实践，我相信你一定会充分体会到具有速度感的工作方法所带来的快乐与充实感。

最近，我经常从客户公司的经营者那里听到"如今想成为团队领导者及管理人员的人越来越少了"的话。也许你也会被选为团队领导者。

团队领导者的工作——"把包括自己在内的团队里的每位成员的个性和能力调动起来并有效地利用，将其整合为一个整体"，这是一项非常了不起的工作。

一个人不可能完成的工作，依靠团队却能够圆满完成。成功时，大家的喜悦是什么都无法替代的。

我希望有更多的团队领导者可以体会到实现了一个大胆的目标后，团队的全体成员一同分享喜悦的快乐。如果本书可以助大家一臂之力，我将不胜荣幸。

下面，我就不再赘述了，大家一起来看看从我自己成功和失败的经验中诞生的"以提升 4 倍的速度取得成果的团队领导者的工作秘诀"吧。

"一个人的梦想终归是一个梦想,但是,大家的梦想则会变成现实。"(约翰·列侬和小野洋子)

高桥恭介

# 目录

**序章　以"4倍的速度"提升团队效能** / 1

- 不能快速应对变化，你会有强烈的危机感 / 2
- "快速"会让人产生紧迫感和兴奋感 / 4
- 以"一个季度＝一年"的方式思考 / 6
- 为什么要把"3个月"作为最佳管理周期？/ 8
- 如何以4倍的速度提高"通常水平"？/ 10
- 为什么PDCA无法顺利执行？/ 12
- 让实现"大胆的目标"成为可能 / 15
- 本书的基本构成 / 16
- 把"提升4倍的速度"理念传遍全公司 / 19

# 第❶章 团队领导者必须有"快速增长思维" / 21

- 为什么要从转变"思维方式"开始呢？/ 22

## 管理投资：让团队能力迅速增长的技巧 / 23

- 做不到的事情，可以暂且搁置 / 23
- 团队成员不必做得尽善尽美 / 25
- 做团队的"撬杠" / 27
- 运用"管理投资技巧" / 28
- 减少作为成员的工作 / 32

**专题** 为什么多数企业无法跨越"10 人大关"？/ 35

## 分担工作：与成员建立合理关系的技巧 / 36

- 并不是"领导者居高位，成员居下位" / 36
- 成员做不到，问题出在领导者身上 / 38
- 团队成员既非家人，也非朋友 / 38
- 团队领导者无需孤独 / 39
- 三种"指向管理" / 40
- 并非"必须实现"，而是"希望实现" / 42

# 第❷章 准备工作：统一全体成员的目标 / 45

- PDCA 中的"准备工作"是指什么？/ 46

**渗透五个价值观：使团队成员目标一致的技巧** / 47

- 为什么需要"五个价值观"呢？ / 47
- 把"五个价值观"转化为现场规范 / 49
- 如何制定团队的"五个价值观"？ / 52

> **专题** 如何在企业中深入渗透"五个价值观"？ / 54

**与成员约定目标：让团队成为一个整体的技巧** / 56

- 为什么不是"目标"，而是"约定"呢？ / 56
- 如何把握目标"合理的难易程度"？ / 61
- 加入一项以上令成员兴奋的约定 / 62
- 团队领导者也可以"约定" / 64
- "回顾过去"是成长的源泉 / 65
- 用"口号"鼓舞士气 / 68

# 第❸章 以 4 倍速增长，该如何设置目标 / 73

- 制定一个"大胆的目标" / 74

**设定 200% 的增长目标：可产生突破性的技巧** / 76

- 与上一年相比增长 200%= 与上一期相比增长 120%×4 期 / 76
- 设置"与上一年相比增长 200%"的目标 / 78

3

- 大胆的目标与着眼于小处努力密不可分 / 79

### 分解目标：清楚地看到实现目标进度的技巧 / 82

- 将目标分解为"过程 KPI" / 82
- 将过程 KPI 落实到"行动目标"上 / 84
- 不能仅限于一个 KPI / 87

### 神奇提问法：提高团队成员的自我决定感 / 89

- 为什么"所有事情都自己决定"不可行？ / 89
- 敦促成员自己做决定要用的"两个词语" / 92
- 让成员有"能够做到"和"愿意去做"的自信 / 95
- 设置"每个季度的目标" / 96

## 第4章 以4倍速增长，该怎样彻底执行 / 99

- 成功与失败的比例为"51∶49"，就能立即实施 / 100

### 电话助跑法：实时进行个别指导的技巧 / 102

- 数字时代为什么要使用电话呢？ / 102
- 三个关键词："时间短""频率高""及时" / 105
- "打一个电话针对一个要点"的法则 / 107
- 电话是支持目标实现的工具 / 109

**专题** 什么是"三明治式反馈法"？ / 113

### 脑内彩排法：戏剧性地提高会议效率 / 114

- 领导者是会议的导演、主角和编剧 / 114
- 剧本由信息的质与量决定 / 117
- "甚至想象到所使用的颜色" / 118
- 把事前写好的剧本作为会后的记录 / 121
- 会议前要精心准备 / 123

### 俯瞰进展法：以最快的速度下结论 / 125

- 会议中下"结论"胜于"讨论" / 125
- 整体俯瞰全局，就能推进会议 / 127
- 与成员沟通和举行会议缺一不可 / 129

## 第5章 以4倍速增长，该如何分析和检查 / 131

- 当今日本企业最欠缺"检查能力" / 132

### 一周召开一次会议：提高团队的检查能力 / 134

- 为什么每周都要召开会议呢？/ 134
- 确定最适合"分析"的会议时间 / 135
- 报告书是会议的基础 / 137
- 分析数据，可以看出下一步的方向 / 138
- 通过系统化地工作来提高效率 / 139

- 每周的报告书中应该写什么内容呢？/ 141

**业务的断舍离：只保留有效的措施** / 146

- 决定不执行的"断舍离会议" / 146
- 如何确定业务的优先顺序 / 149
- 确认是否已经认真执行 / 153
- 大量的"PD"会提高"C"的质量 / 154

专题　如何推翻管理者已决定的事情？/ 156

# 第❻章　以4倍速增长，该如何具体行动 / 157

- 最基本的是"一个周期提升一个档次" / 158

**一举两得地构思：可带来创造性贡献的技巧** / 160

- 实现"一举两得地销售" / 160
- 不能认为"这不是我的工作" / 163
- 下足工夫就很有可能做到"一举三得" / 166
- 通过"推荐录用"，为公司做贡献 / 167
- 团队领导者也可以做宣传工作 / 168

**技术诀窍共享：加快增长速度的方法** / 171

- 开设"讲习班"传授自己的做法 / 171
- 把诀窍作为"测试题"继承下去 / 173

- 通过"课题图书"，分享愿景 / 175
- 半年举行一次"同期会" / 177

**快速下放与接管：不只专注于任务** / 178
- "承担的勇气"与"强大的信心" / 178
- 以 4 倍的速度重复"下放和接管" / 179
- 即使放手也不会降低团队的业绩 / 181
- 放手与甩手不管的区别 / 183

## 第 7 章　提高成员的自主参与度 / 187
- 自主参与度是团队的引擎 / 188
- 人事评估要以一个季度为周期循环 / 190
- 提高自主参与度的三个要素 / 191
- 设置与"行动"相联系的目标的要点 / 193
- 通过"一对一面谈"结成信赖关系 / 195
- 100% 结果评估的弊端 / 197
- 应当给与"意义报酬" / 199

> **专题**　为什么把人事评估制度作为主要商品呢？ / 203

## 解说　为什么现在要追求"快速经营"呢 / 207
- 你的公司也要有"亚马逊速度" / 208

- 速度中凝缩了管理的要诀 / 211
- 关键是"制定大胆的目标和高速执行 PDCA" / 212
- 五个要点成为众多企业的参考 / 217
- "赋权理论"证明了人事考核制度 / 224
- 赋权的"心理学方法"和行为改变 / 227
- 赋权的"结构性方法"和行为改变 / 230
- 在明日之团公司的一年等于在普通公司的 4 年 / 231

**解说执笔人简历** / 233

**结束语** / 234

序章

以"4倍的速度"
提升团队效能

● 不能快速应对变化，你会有强烈的危机感

本书中最重要的关键词是"提升 4 倍的速度"。用比正常速度快 4 倍的速度转变自己的"观念"和"行动"，以实现"做出成果"与"增长业绩"的目标。

归根结底，为什么团队领导者应当把"提升 4 倍的速度"作为目标呢？

其中的原因有两个：一个是外部原因，另一个是内部原因。

首先是外部原因，即商务环境越来越要求企业能够快速应对变化，这一点众所周知，无须过多解释。

特别是当今以 IT 行业为代表的技术进步呈加速发展的态势，而且发生着日新月异的变化。商品、服务甚至商业模式也随之突飞猛进。

这一切都要求企业能够应对急剧变化的商业环境，

反应一旦迟缓，就意味着企业在竞争中会处于劣势，甚至是失败。而如果企业在竞争中失败，其结果可能是不得不大幅度收缩事业规模甚至最终破产。当企业不能灵活地应对变化时，包括我自己在内的企业经营者，都会有危机感。在此，我也想将经营者的这种危机感传导给团队领导者。

再加上如今日本的人口正在减少。众所周知，日本目前具有劳动能力的人口——"劳动力人口"减少的情况今后还会进一步加剧。日本政府现在推进"劳动方式改革"，就是为了应对劳动力人口减少。

应对这种情况的办法大体上可以分为两种。一种是让一直以来很少参与工作的女性、老人以及外国人等也从事工作，以此来达到增加劳动力人口的目的。

另一种是提高劳动生产率。只要每个人能用之前一半的时间达成同样的业绩，工作效率就会提高两倍。为此，即便减少了加班时间，也能实现同样甚至以上的业绩。

这样，无论是团队领导者，还是团队中的每一位成员，均要求他们以前所未有的速度完成自己的工作。

● "快速"会让人产生紧迫感和兴奋感

以提升4倍的速度为目标的另一个原因是内部的,"因为以提升4倍的速度工作,会更快乐"。

如同我要在下面介绍的,我常常提醒自己以提升4倍的速度工作。明日之团公司的时间轴,往往设置为普通公司的4倍。因此,员工也时常提醒自己以4倍的速度工作与成长。

听到这里,或许你会认为我们公司的员工一定会因工作太忙而疲惫不堪。其实不然,大家都非常愉快地处理每天的工作。曾经来过本公司办公室的人,都夸赞:"贵公司的员工一个个都显得精神饱满、活力四射哦。"

我一直认为速度中存在着一些诱人之处。在体育界的跑步或游泳比赛中,运动员都以争分夺秒甚至加快0.001秒为目标。高速列车不也是应人们对高速度的要求而产生的吗?

可以说,在商务活动中也是同样的道理。

当你比平时更早到办公室,在安静的环境中集中注意力工作时,"加夜班时,通常需要1个小时才能完成的工作,现在却只需要30分钟即可"。你曾有过这种体验吗?如果有过,自然你也会像我这样想。

## 序章
## 以"4倍的速度"提升团队效能

"如果一直保持这样的速度工作，真的非常快乐。"

我在本书中介绍的提升4倍的速度的工作技巧，你只要体验过一次，那种快乐感一定会令你终身难以忘怀。此外，一旦习惯了在提升4倍的速度中工作和成长，你会倍感快乐并陶醉于其中，甚至会上瘾。

正如我在"前言"中所述，一直在风险投资行业中大显身手的人因为已习惯了快乐且充满速度感地工作，一旦转入节奏慢的企业，反而会感到压力极大。

互联网世界也是同样的道理。在光通信等高速通信已非常普遍的当今社会，人们对高速度习以为常之后，再让他们回到过去的低速通信环境是不能忍受的。

请你想象一下正在以提升4倍的速度工作的自己，正在以4倍的速度成长的同事们，以及正在以4倍的速度达成业绩的团队。

你的感觉如何呢？心中是不是为此而欢欣雀跃呢？

以提升4倍的速度工作会使领导者感到更加快乐。因此，我希望领导者一定要把提升4倍的速度作为自己的目标。

● 以"一个季度＝一年"的方式思考

读到此处，或许有人会怀疑："提升4倍的速度真的可以顺利地推进工作吗？"那我就来给大家介绍一下我们明日之团公司的实践经验吧。

首先，以一个季度为单位，也就是采用"一个季度＝一年"的思维方式。这种思维方式也是我一直以来最珍视的。

基于这种思维方式，把通常需要一年的时间完成的大部分工作，在一个季度（3个月）内完成。

例如，在计算员工的工作资历时，大多数公司是以"××年进入公司"开始计算，以一年为单位，而明日之团公司是以一个季度为单位。在2018年10月～12月进入公司的，我们称为"第40期"员工。因公司是在2008年创立的，在一般公司中应当算作是"第10期"员工，本公司则不然，一年中会晋升4期，因此已经是"第40期"员工了。

这样计算下来，一个人进入公司3个月后，都可以成为有资历的前辈员工，而且拥有可以指导刚刚入职的新员工的资格。为了使每一位员工都能够意识到"自己正在以4倍的速度成长"，在本公司的工作资历以一个季度为单位来计算。

正如"前言"中所述,明日之团公司最近5年间的营业额,均实现了与上年同期相比增长两倍(增长200%)的目标。

事实上,这也是采用了"一个季度＝一年"的思维方式才得以实现的。有人会问,究竟是怎么做到的呢?下面我给大家解释一下。

为了只花一年时间实现营业额增长两倍的目标,我们将"每个季度分别提升20%的营业额"作为目标。

具体做法是,把上一年最后一个季度的营业额设定为100,则第一季度的营业额为100×1.2=120。以此类推,第二季度为120×1.2=144,第三季度为144×1.2=172.8,第四季度为172.8×1.2=207.36。像这样计算,原本营业额为100,在一年之后就可以增长两倍以上。

这种机制可以使营业额一年增长两倍。它是采用了"一个季度＝一年"的思维方式,提升了4倍的速度而取得的业绩。这或许给人感觉有点像是在做数字游戏。不过,你发现了吗?"一年增长两倍",即等于"每个季度增长20%",这样说似乎更明了、直白。

● 为什么要把"3个月"作为最佳管理周期？

把一个季度（3个月）当作一年来看，即把一周当作一个月（4周）来用，而一天大约为一周（5个工作日）。

可以说，如果将一个小时用4倍的速度来考虑，15分钟就是一个小时（60分钟）。因此，我在进行各种不同的工作时，常常不以一个小时为单位，而是以15分钟为单位。

例如，我把自己录用新员工的最后一次面试规定为15分钟。因为之前已经对面试时要重点把握的地方了然于心，只需15分钟，我就可以判断出此人是否能够胜任本公司的工作。

像这样，把一个季度当作一年来考虑，一个月、一周、一天、一个小时、一分钟，时间的密度会越来越大。

此外，可以把一个季度的3个月分为前期、中期和后期。即使第一个月不出成果，只要将其视为耕耘期、准备期即可，第二个月开始萌芽，第三个月就可以收获。

图2 以"一个季度 = 一年"的方式思考产生的效果

在明日之团公司，完成任何工作均以一个季度为单位

- 录用与人事考核均按照每个季度来进行
- 员工的工作资历也是以一个季度为单位（进入公司3个月就能升为资深员工）
- 营业额目标设定为每个季度提高20%（这样持续四个季度，即成为"大约提高200%= 与前一年同期相比，是其两倍"）

↓

"时间密度"提高了4倍

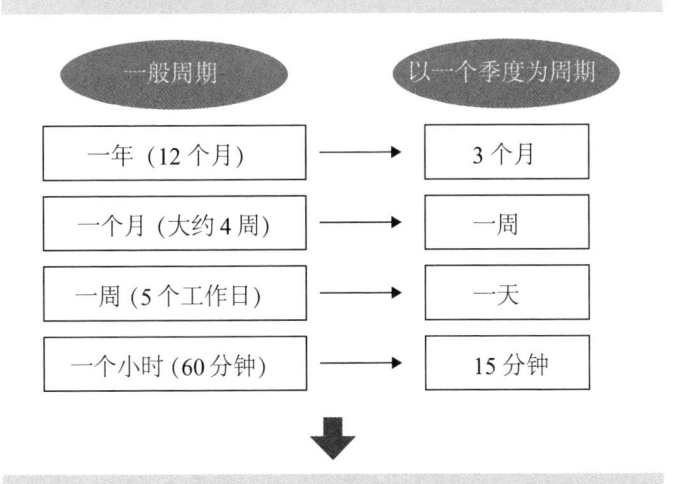

| 一般周期 | 以一个季度为周期 |
|---|---|
| 一年（12个月） | 3个月 |
| 一个月（大约4周） | 一周 |
| 一周（5个工作日） | 一天 |
| 一个小时（60分钟） | 15分钟 |

↓

能够以"提升4倍的速度"增长

也就是说，如果把一季度拆分为 3 个月，则可以有一个加大力度工作的耕耘周期，极大地拓宽了工作范围。

明日之团公司为客户提供的人事评估制度也是以一个季度考核一次为周期循环，这种机制可以提高员工成长速度。

如果把考核周期设定为一个月，低于一个季度，就像是播种后没有等待萌芽的时间，必须立即收割一样。这势必会造成对员工的考核成为听天由命的没有意义的行为。无限制地缩短考核周期，就会变成听凭一时运气考核某一时刻的表现的机制。

相反，如果将考核周期定为半年或一年，情况又会如何呢？这也就是在许多企业中设置的管理周期，而这个周期却无法提高速度。为了比其他公司更快地做出业绩，实现企业快速增长，把一个季度，即 3 个月作为一个周期是最佳的选择。我认为这个周期是最合理的管理周期。

- 如何以 4 倍的速度提高"通常水平"？

明日之团公司的座右铭是"提高通常水平"。它适用于不同的部门及不同的工作类别，也成为领导者的口头禅。

## 序章
## 以"4倍的速度"提升团队效能

这种说法同样是以提高每个季度的工作水平为目标。

正如前面所述,只要每个季度能够提高20%的水平,即 $1.2×1.2×1.2×1.2 = 2.0736$,则一年之后的工作水平大约可以提升到原来的两倍。

一年前还认为自己无论怎样努力也无法做到,一年之后却能够毫无压力地完成,而且认为这是理所应当的事情。这就是"提高通常水平"的含义。

例如,团队领导者将之前一直在做的工作交给团队其他成员去做,而他自己则接手了比自己高一级领导的工作。当他能够做好这份工作时,又将这份工作交给其他成员去做,自己再去接更高一级领导的工作。通过这样的工作交接,无论是领导者还是成员,他们承担工作的水平都在提升。

以此类推,以一个季度作为一个周期高速度反复进行,则会比以一年为一个周期循环的企业增长速度快4倍。

顺便提一下,在明日之团公司,我5年前做过的业务,如今已成为新入职员工的工作。明日之团公司增长速度之快可见一斑了吧?

● 为什么 PDCA 无法顺利执行？

团队领导者以 4 倍的速度循环执行管理周期时，最基本的是要执行 PDCA。PDCA 无需赘言，就是分别取"Plan""Do""Check""Action"（"计划""执行""检查""行动"）四个单词中的第一个字母组成的，它是从事商务活动基本中的基本。但是我发现很多企业和组织都不能顺利地将 PDCA 执行下去。

在本书中，从第 3 章到第 6 章，我会解释"为了成为可以提升 4 倍的速度工作的领导者，应当如何执行 PDCA 的各个阶段"。在序章中，关于执行 PDCA 的全过程，我想先简单地阐述一下自己的观点。

据我观察，大多数无法顺利贯彻执行 PDCA 的企业和组织，几乎都是在 PDCA 的第一个周期上就执行不下去了。

例如，尽管 Plan（计划）阶段制定了目标和计划，却始终停留在讨论和验证该目标和计划是否合理的阶段，不运行 Do（执行）的情况很常见。连续运行 PCPC，却没有运行最重要的 Do（执行）。大企业中存在的多数情况大抵如此。

由于想避免出现重大风险，在计划、构思阶段过于慎重，导致难以推进到执行阶段。这等于是在原地踏步、停滞不前。

相对而言，在中小企业中最常见的情况是连续执行PDPD，却没有Check（检查）。由于没有"C"，所以他们并没有评估和验证达成目标及执行计划的程度。这样，即使目标设置过高或过低，也无法发现，而且无法判断执行阶段的做法哪些合理、哪些不合理。

如果没有"C"，也不可能改进，即Action（行动），所谓"完成任务后即束之高阁"，因此无法提高工作水平，只是在同一个水平上徘徊PDPD而已。

此外，即便是在执行PDCA，也有无法提高水平的情况。因为这只是形式上的PDCA，执行的质量很差。尽管费时费力地运行了PDCA，最终却毫无效果，劳而无功。执行PDCA的效果原本应该是呈螺旋式上升，执行次数越多，水平提升越高才对。

**图3　无法顺利执行 PDCA 的主要原因**

✗ Plan 与 Check 连续，却不执行 Do（或不彻底）→大企业居多

✗ Plan 与 Do 连续，却不执行 Check（或不彻底）→中小企业居多

✗ PDCA 循环执行，水平却没有提升

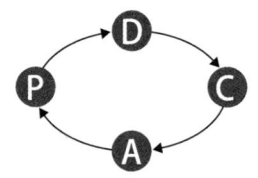

〇 本来的 PDCA，每运转一周，水平就会呈螺旋式上升

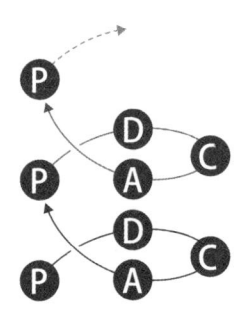

# 序章
## 以"4倍的速度"提升团队效能

● 让实现"大胆的目标"成为可能

怎样执行 PDCA 非常重要。近年来,"如何高速运营"已经成为极其重要的问题。只要认真执行 PDCA 的企业之间存在竞争,运营速度快的企业自然会在竞争中取胜。

正如刚才所述,日本企业无法高速执行 PDCA 的第一个原因是,在 Plan(计划)阶段过于慎重,迟迟难以推进到 Do(执行)阶段。

另一方面,以软银的孙正义与亚马逊的杰夫·贝佐斯(Jeff Bezos)为代表的许多优秀的企业经营者都曾经说过"只要预计有 70% 的把握成功,就付诸行动"。对于我自己来说,为了提升 4 倍的速度执行 PDCA,只要预计成功的把握超过一半,即使只是超过 1%,不,应该是超过 0.00001%,也要付诸行动。关于这一点,我会在第 4 章中具体解释。

只要能够提升 4 倍的速度执行 PDCA,事实上就能实现"大胆的目标"。

如果执行一次 PDCA,能够提升 10%,执行四次,则为 1.1 的 4 次方,即 1.4641,大约可以提升 50%。如果执行一次能够提升 20%,则为 1.2 的 4 次方,即 2.0736,会提升两倍以上。

尽管执行一次 PDCA 提升率较低，但只要能够做到持续地呈螺旋式上升，那么，你一开始认为高不可攀的"大胆的目标"，也有可能达到。事实上，我们能够连续 5 年实现增长 200% 的"大胆的目标"，也是每天以 4 倍的速度执行 PDCA 的结果。

利用高速执行 PDCA 一点点去努力，每天一点点地改进我们的工作，是实现"大胆的目标"的唯一途径。我认为"大胆的目标"和高速执行 PDCA 是一个强强组合。关于这一点，我在后面的第 3 章中会再次解读。

● **本书的基本构成**

在本书中，我主张的 PDCA 是以一个季度为周期执行"提升 4 倍速度的 PDCA"，它还有一个名称叫作"Quadspeed PDCA"。

而且我认为提升 4 倍的速度执行 PDCA 的前提是必须革新团队领导者的思维方式，团队为此而做的准备工作也不可或缺。

为了达到 4 倍的速度，团队领导者必须重新调整自己一贯的思维方式，革新自己的意识和观念。关于这种心态，我会在第 1 章中详细讲述。

序章
以"4倍的速度"提升团队效能

在第 2 章中，我将会讲述在以 4 倍的速度执行 PDCA 之前，团队应当做哪些准备工作，以及如何让全体成员齐心协力向着同一个目标挺进。这一章中的关键词是"五个价值观"和"与成员约定"。

在第 3 章、第 4 章、第 5 章和第 6 章中，我将会分别讲述执行的要点和具体的做法。

第 7 章讲述的是为了提高成员的参与度而充分利用"人事考核"的方法。近年来，企业的参与度这个问题，被人们广泛关注。我为参与度下的定义是"公司的每一位员工都能准确地理解企业提出的战略和目标，自觉地发挥自己的能动性，拥有为企业做贡献的意愿"。

毫无疑问，在以提升 4 倍的速度执行 PDCA 时，团队领导者和成员之间的相互信任的关系以及成员自觉的贡献意愿不可或缺。因此，团队领导者公正、公平地进行考核非常重要。关于这一点，我会在第 7 章中阐述。

第 1 章至第 7 章的结构和展示的 16 种具体方法和技巧，如下表所示。

表1　团队领导者提升4倍速度的16种技巧

| 第1章<br>思维方式 | 1 | 使团队的能力迅速增长的"管理投资技巧" |
| --- | --- | --- |
| | 2 | 与团队成员建立合理关系的"工作分担技巧" |
| 第2章<br>准备工作 | 3 | 使团队成员目标一致的"五个价值观的渗透技巧" |
| | 4 | 使团队成为一个整体的"与团队成员约定目标的技巧" |
| 第3章<br>设置目标 | 5 | 产生突破性的"设置200%目标的技巧" |
| | 6 | 可以清楚地看到目标实现进程的"目标分解技巧" |
| | 7 | 提高团队成员的自我决定感的"神奇提问法" |
| 第4章<br>执行 | 8 | 可以实时进行个别指导的"电话助跑技巧" |
| | 9 | 戏剧性地提高会议效率的"脑内彩排法" |
| | 10 | 以最快的速度下结论的"'鸟瞰'进展法" |
| 第5章<br>检查 | 11 | 提高检查能力的"一周召开一次团队会议的技巧" |
| | 12 | 只保留有效计划的"业务的'断舍离'技巧" |
| 第6章<br>行动 | 13 | 可带来原创贡献的"一举两得的构思技巧" |
| | 14 | 加快增长速度的"技术诀窍共享法" |
| | 15 | 不只专注于任务的"快速发布和捕捉技巧" |
| 第7章<br>人事评估 | 16 | 提升4倍的速度的团队领导者"充分利用人事评估的技巧" |

## 序章
## 以"4倍的速度"提升团队效能

●把"提升4倍的速度"理念传遍全公司

无论是哪个行业、哪种职业的领导者,只要结合自己的团队,或多或少做一些安排,都可以将这16种技巧推进到实践阶段。首先你要在实践中尝试,一种也好,两种也行。你一定会真实地体会到这种效果。

此外,在实现提升4倍的速度时,最关键的一点是"将一个季度当作一年来考虑"。

无论是什么领导者都可以做到。

即使你工作的企业是以半年或一年为一个管理周期,也完全不必考虑"因为周期长而无法做到"这个问题。为什么这样说呢?因为比自己公司的管理周期长自然不足取,但是,只要执行周期比本公司之前的周期短,就能高枕无忧。

对于用快于预设速度实现了目标、做出业绩的团队领导者,企业经营者会表扬他们"干得好,太了不起了",绝对不会抱怨"速度太快"等。没有不追求速度的经营者,身为经营者的我可以这样断言。

因此,你完全可以毫无负担地考虑将一个季度当作一年,将采用我们的管理方法作为提升速度的契机。

相信你一定会把这种"既快乐又正确的方法"传播

给周围的人。

请你想象一下，你的团队提升了4倍的速度做出业绩，团队成员每天朝气蓬勃地工作的情形。周围的团队看到如此生机勃勃的情景，自然也会产生"我们也要采取这种做法"的欲望。

当其他团队领导者也来拜托"请一定要教一教我们这种做法"时，高层领导者自然也会对你说："我想在全公司推广这种做法，希望你能做该项目的负责人。"

从这个意义上说，作为团队领导者的你就是"火种"，通过在组织内传播，可以使整个组织发生变革，整个公司都提升为4倍的速度。希望你能够以这样的气概去挑战，最终实现提升4倍的速度的效果。

# 第 1 章

# 团队领导者必须有"快速增长思维"

● 为什么要从转变"思维方式"开始呢？

为了成为提升 4 倍的速度的团队领导者，首先必须变革"思维方式"。

关于最重要的思维方式——"把提升 4 倍的速度作为目标的必要性和重要性"，在序章中，你应该已经了解，然而，仅仅了解了这些内容，还远远不够。

近年来，团队领导者面临的环境正在发生着剧烈的变化。例如，在"高速度管理、人力资源短缺、工作方式变革"的一系列过程中，团队领导者既是团队成员又要兼任领队的情况不可避免。另一方面，由于论资排辈制度解体，上下级关系也不再固定，"昨天还是上司的人，现在却成了自己的下属"之类的事也不再稀奇，人们已经习以为常。

如果现在依然拘泥于过去的观念和常识，则会背

# 第 1 章
## 团队领导者必须有"快速增长思维"

上"沉重的包袱",那么无论你多么努力地快速执行PDCA,也很有可能失败。

在本章中,我想就成为许多团队领导者沉重包袱的错误观念以及原本应当具有的正确思维方式展开阐述。

## 管理投资:让团队能力迅速增长的技巧

● 做不到的事情,可以暂且搁置

你是不是认为能够成为团队领导者的人应该是在工作中获得满分的人,是一直可以达成业绩目标的人?也就是无论什么工作和业务都可以圆满地完成且能做出显著成效的人?

如果团队的一名普通成员,既有不擅长做的工作和业务,也常常无法圆满地完成业绩目标,就不能胜任必须指导其他成员完成工作的团队领导者一职。因此,这样的成员担任团队领导者还为时尚早。

我觉得有这种想法的人中年轻人居多。然而,这种想法是对团队领导者这个职位的重大误解,也是错误的判断。

如果有人说"自己做不到的事情可以暂且搁置一旁"，往往会遭致别人非议。但是，如果团队领导者有做不了的事情，则可以根据具体情况暂且将其"搁置"。

　　例如，制作资料与为了制作出完美的资料而指出其存在的问题，是两种完全不同的技巧。自己作为组织的代表去完成工作与支持其他成员完成工作也是两种完全不同的技巧。

　　因此，作为组织的代表，团队领导者将自己做不到的工作和业务交给最擅长的成员去做即可，而自己只需支持该成员就好。正如一句名言所说，"优秀的运动员未必就是好教练"。即便是业绩突出、工作和业务技能超一流的人，支持团队或组织取胜的技能也不一定超一流。

　　事实上，我在 Primo Japan 工作期间，店长全部由业绩最佳的人担任。然而，这未必一定能取得优秀的业绩。

　　特别是创造了最佳销售纪录的人，不知道是什么原因，没有一个能在店长的位置上顺利推进工作。不过，这终归是一种假设，或许只是"不希望出现比自己优秀的人"的意识在作祟吧。

　　相反，尽管店长作为团队成员时的工作业绩仅仅处

# 第1章
## 团队领导者必须有"快速增长思维"

于平均水平，但作为店长却能够大幅度地提高该店的营业额，像这样取得成功的人也不在少数。

● **团队成员不必做得尽善尽美**

由于现在的很多团队领导者是由团队成员兼任，即使是经营管理者，或许大多数也会在工作中把自己与团队的普通成员做比较。因此也许有人会认为，如果作为成员的工作做得不够完美，就不能做团队领导者。但是，团队领导者与成员所发挥的作用原本各不相同，为了完成各自的任务，需要掌握的技能也各不相同。假如将一项工作交给能够胜任的成员去做，就成功地对该成员起到了激励作用，他会心情愉快地去工作，而团队领导者可以通过提出意见和建议给予其支持。如果该成员能够做出成果，则这项工作不需要团队领导者亲自去做。

团队领导者作为一名团队成员工作时，完全不必做得尽善尽美，可以把做不到的事情交给擅长做的成员去做。如果这样考虑，团队领导者肩上的担子是不是会减轻一些呢？

此外，团队领导者中也有各种不同的类型。有擅长做某项工作的，有不擅长做某项工作的。这样也很好，做自己擅长做的工作为团队做贡献，把不擅长或不能胜任的工作交给其他成员去完成。

但是，现实情况是团队领导者没有把自己不擅长或不能胜任的工作交给其他成员去做，最终导致失败，这种情况多得让人难以想象。

事实上，有许多团队领导者或因自己作为团队的一名成员时工作做得不完美而内疚，或因自尊心作祟而无法将自己不擅长或不能胜任的工作托付给其他成员去做。

那么，如果拼命去做自己不擅长或不能胜任的工作，会出现什么情况呢？

由于团队领导者作为成员要做的工作已经占用了自己非常多的时间，所以就无法完成本应当做的业务管理工作了。

正因为现在成员兼任领导者非常流行，所以，不仅仅是团队领导者，我希望高层管理者、团队领导者的直属上司以及团队成员，都要重新认识一下成员与管理者的工作及其所起的作用之间的不同。

只要大家在成员与管理者（团队领导者）的工作及其所起的作用的不同上达成共识，则该团队整体的工作速度、效率和业绩一定会得到提升。

# 第 1 章
## 团队领导者必须有"快速增长思维"

● 做团队的"撬杠"

为什么团队需要领导者呢?

这是因为通过配置领导者,可以提高团队其他成员的业绩,也可以提高团队整体的业绩。也可以说,对团队领导者的要求就是要他发挥"撬杠"的作用。

为什么这么说呢?我再解释一下。假如一个团队有一位领导者和 8 位普通成员,共计 9 个人。在团队领导者完全做普通成员该做的工作而不顾管理业务的状态下,如果 9 位成员中每个人做 100 项工作,则整个团队可以完成 900 项工作。

相反,如果团队领导者不做作为普通成员的工作,一心扑在管理工作上,会怎么样呢?即使 8 个人中每个人做 100 项工作,整个团队也只能完成 800 项工作。不过,这只是在团队领导者完全没有发挥"撬杠"作用下的情况。

如果团队领导者成为"撬杠",帮助每一位成员完成 110 项工作,整个团队可以完成 880 项工作。如果每一位成员能够完成 120 项工作,整个团队可以完成 960 项工作,会超越团队成员为 9 个人时的业绩。

事实上,由于大多数情况下团队领导者都是由成员兼任,也有自己作为普通成员的工作,无法专心致志地从事"撬杠"的工作,此时应该付出全部精力做管理工作,成为最大限度地提升成员业绩的"撬杠"。这一点能理解吧?

重新整理一下,就是团队领导者首先要认识到成员与管理者的工作及其作用的区别,要将各自的工作及其作用分开考虑。其次,要考虑逐渐地减少自己作为普通成员的工作,增加为提高成员业绩而做的管理工作。

● 运用"管理投资技巧"

"逐渐地减少自己作为普通成员的工作,增加为提高成员业绩而做的管理工作",说起来简单,实际操作起来却非常困难。有这种体验的人应该很多吧?

的确,有许多工作与其交给成员,不如自己去做更快。但是,只要你在做成员应该做的工作,就无法成为团队的"撬杠"。

因此,我为大家介绍一下"管理投资技巧"的思维方式。

如果以刚才提到的9个人的团队为例,则可以考虑以下情况:

# 第 1 章
## 团队领导者必须有"快速增长思维"

  团队领导者：作为成员的工作量　80

  成员 A　110

  成员 B　105

  成员 C　100

  成员 D　100

  成员 E　95

  成员 F　90

  成员 G　90

  成员 H　85

  在这种情况下，将全体成员的工作量相加，则团队的总工作量为 855 项。而采用的方法是考虑减少自己作为成员的工作量，提升成员的工作量，以取得更优的成果。

  例如，团队领导者将自己作为成员的工作减少到 70 项，做 30 项作为管理者的工作，只要能够将未达到 100 项的 E、F、G、H 四位成员的工作分别增加 5 项，则 5×4 人 =20，增加了 20 项，超出了团队领导者减少的 10 项，团队的总工作量增加了 10 项，达到了 865 项。

  在此基础上，团队领导者进一步将作为成员的工作减少 10 项，就是 60 项，做 40 项作为管理者的工作，只要能够将未达到 100 项的 E、F、G、H 四位成员的工作分别增加 5 项，而且将正好达到 100 项的成员 C、D 的工作分别增加 3 项，则 5×3 人 =15，3×2 人 =6，15+6=21，增加了 21 项，超出了团队领导者减少的 10 项，团队的总工作量从 865 项进一步增加了 11 项，达到了 876 项。

像这样，团队领导者在减少自己作为成员工作的同时，为了提升某位成员的工作能力而动脑筋投资就是"管理投资"。

应该向哪位成员投资呢？这就要根据具体情况分析。如果有一位成员尽管有很强的能力，但因为某个原因做不出成果，那么，就可以将投资集中于该成员身上，这样或许能够将团队的总工作量增加 30 项。此外，可以投资两位成员，让他们通过相互竞争来提高业绩，从而提升团队的工作能力，或者投资新员工以提高他们的水平。

**图4　团队领导者的"管理投资技巧"**

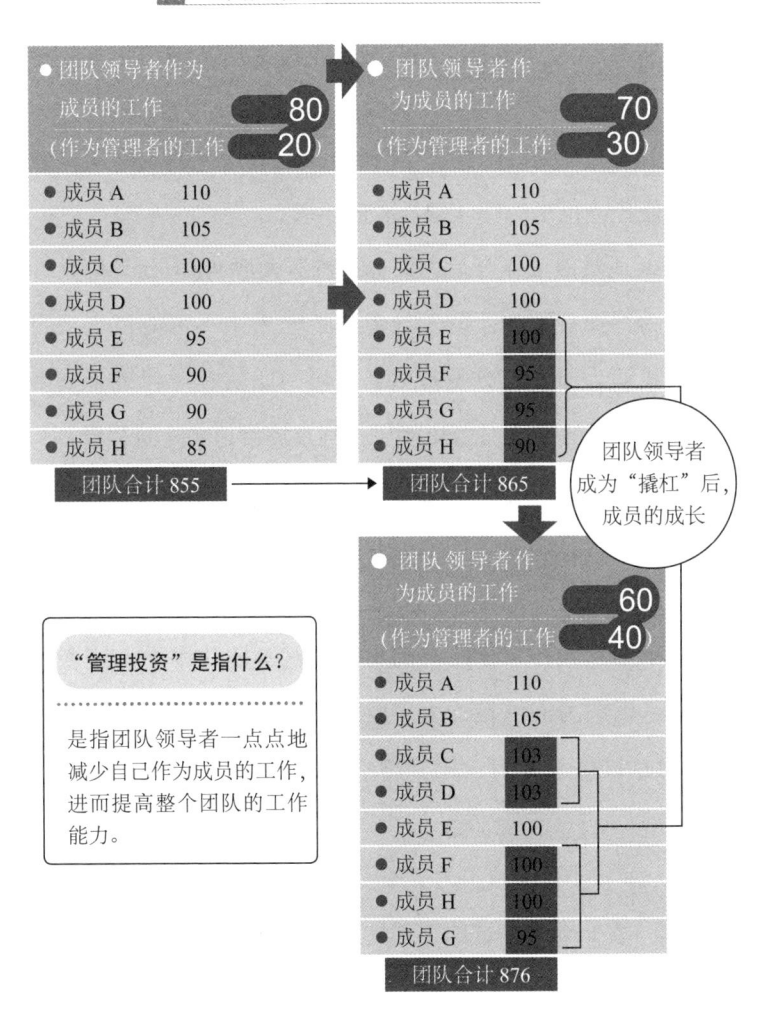

- 团队领导者作为成员的工作　80
  （作为管理者的工作　20）

| | |
|---|---|
| ● 成员 A | 110 |
| ● 成员 B | 105 |
| ● 成员 C | 100 |
| ● 成员 D | 100 |
| ● 成员 E | 95 |
| ● 成员 F | 90 |
| ● 成员 G | 90 |
| ● 成员 H | 85 |

团队合计 855

- 团队领导者作为成员的工作　70
  （作为管理者的工作　30）

| | |
|---|---|
| ● 成员 A | 110 |
| ● 成员 B | 105 |
| ● 成员 C | 100 |
| ● 成员 D | 100 |
| ● 成员 E | 100 |
| ● 成员 F | 95 |
| ● 成员 G | 95 |
| ● 成员 H | 90 |

团队合计 865

> 团队领导者成为"撬杠"后，成员的成长

- 团队领导者作为成员的工作　60
  （作为管理者的工作　40）

| | |
|---|---|
| ● 成员 A | 110 |
| ● 成员 B | 105 |
| ● 成员 C | 103 |
| ● 成员 D | 103 |
| ● 成员 E | 100 |
| ● 成员 F | 100 |
| ● 成员 H | 100 |
| ● 成员 G | 95 |

团队合计 876

---

**"管理投资"是指什么？**

是指团队领导者一点点地减少自己作为成员的工作，进而提高整个团队的工作能力。

总之，逐渐地减少自己作为成员的工作，进一步提高成员的工作能力，将需要调整的工作完成到极致，设法进行"管理投资"，可以持续提升团队的工作水平。

能够做到这一点，才是作为"撬杠"的团队领导者的任务，也是对团队领导者的要求。

成员的工作今后也许会被机器人或AI取代，但是，作为"撬杠"的团队领导者的工作未来不可能消失。而且我认为能够充分发挥撬杠作用的团队领导者将会成为高附加值的人才而倍受珍视，其市场价值会一直提升。

因此，那些认为能够成为团队领导者的人都是做普通成员时工作完美的人，与其认为自己做得不完美而无法胜任，还不如认为作为普通成员的工作做得不够完美也不要紧，要拿出足够的勇气去挑战团队领导者这个职位，以成为能够挖掘大多数成员的潜力（即使有稍许提升也可以）、撬杠能力强的团队领导者为目标磨炼自己。

● 减少作为成员的工作

减少作为成员的工作的方法，团队领导者不能不考虑。我认为最基本的做法是逐渐将自己作为普通成员的工作转交给其他某个成员去做。

## 第1章
### 团队领导者必须有"快速增长思维"

在转交时需要注意,即使你交给这个成员10项工作,他未必能完成10项。也许他只能完成这10项工作中的5项。即便如此,将自己的工作交给该成员去做也非常重要。

而且为了将成员的工作能力从完成5项提升至10项,应该思考一下如何给予帮助。把工作交给其他成员,也许会导致业绩暂时下滑,但只要花一些时间把自己工作时最高效的方法教给其他成员,那么恢复到自己亲自做的效率的概率也非常高。

此外,说不定成员还会发现团队领导者未想到的工作方法,甚至将工作业绩提升到20项、30项的水平也未可知。

最重要的是,团队领导者不能包揽一切工作,要相信自己的成员,而且放心地将自己的工作交给他们去做。

这样,团队领导者将自己作为成员的工作交给其他成员去做,才会扩大他们的工作范围,才能让他们积累各种工作技能,逐渐成长起来。

此外,如果团队领导者擅于培养下属,提高他们的能力,必然会有许多人聚集在其麾下。因为只要高层管理者判断该团队有发展前景,就会加大对该团队成员的投入。其结果是可以培养出更多的成员，提升他们的工作能力，实现所有的目标。也就是说，产生了良性循环。此外，这会为提升 4 倍的速度打下基础。

反过来说，团队领导者无法减少自己作为普通成员的工作，不能提升其他成员的工作能力，这样的团队往往只是在维持现状。而维持现状实质上就意味着倒退。为什么呢？因为其他团队都在不断地成长，相对来说自己的团队已经落后了。维持现状的团队，恐怕会逐渐陷入困境。

为了不使团队出现这种状况，请抛弃"只有先把自己作为成员的工作做好，才能做指示、命令型管理工作"的传统观念，要代之以"即使自己作为普通成员的工作做得并不完美，也可以做具有能动性、支持型管理工作"的新型观念。

## 第 1 章
团队领导者必须有"快速增长思维"

**专题** 为什么多数企业无法跨越"10 人大关"？

在日本的企业中，最多的是不雇佣任何员工，只有经营者一个人的企业。这样的企业被称为"搞笑艺人"。如果订单或事情特别多，仅靠自己一个人的力量就无法完成全部工作。但如果订单或事情不多，则无需录用专门负责管理业务的员工，一个人可以完成全部工作。

其次是一个人无法完成全部工作，只要雇佣几个员工即可的企业。这被称为"10 人大关"企业。因为员工不超过 10 个人，经营者无法将管理工作移交给除自己以外的人。

我从自己之前的经验中得出，一个团队领导者可以负责的成员最多为 8 个人。如果超过 8 个人，则会有照顾不到的地方。

因此，一旦超过"10 人大关"，就必须增加除自己以外的团队领导者。但是，由于无法将管理工作移交给自己以外的人，许多企业都无法跨越这个大关。

日本约有 80% 的企业都无法跨越"10 人大关"。

## 分担工作：与成员建立合理关系的技巧

● 并不是"领导者居高位，成员居下位"

有很多人认为"团队领导者居高位，成员居下位"。"上司"与"下属"这两个词就是这种关系的真实描述。

然而，团队领导者与成员只是"作用"上的区分，并非团队领导者居于上位，成员居于下位。因此，在本书中，尽可能不使用上司、下属这样的称呼，而使用团队领导者与成员。

如果你依然固守着上司伟大且拥有权力，下属不可违逆上司、必须听从其指挥的传统观念，那么必须先将其抛弃。

在终身雇佣及论资排辈的时代，上司与下属的立场反过来的情况极其少见，大多数情况下，上下级是固定关系。这样，上下级的关系始终不变，上司认为自己不会遭到反驳，常给下属施加不正当的压力。而下属也认为"如果遭到上司嫌弃，会给自己今后的生活造成不良影响"，因此，除了忍耐、顺从别无他法。

然而，现在终身雇佣与论资排辈已然解体，上下级

## 第 1 章
团队领导者必须有"快速增长思维"

关系不再是永恒不变,双方的地位可能会在瞬间互换,这种情况已经极其平常。因此,在这个时代,如果以权力为背景给成员施加压力,成员也许不会为之所动,甚至会因职权骚扰发起控诉。

而且近年来调换工作的自由度也提高了。调查结果表明,从入职起的 3 年中,大约有 30% 的人调换了工作。

能否成为团队领导者,与年龄也不再挂钩,有的领导者比成员的年龄还小。如今,这种情况已经非常普遍。而且今后外国国籍的人成为领导者或成员也会更加普遍。

在此,我想再重复一句,团队领导者与成员只存在作用上的区分,双方完全平等。

那么,团队领导者的作用究竟是什么呢?他们的职责并非是改变成员的性格和人格,也不是在成员出错时进行斥责、痛骂,而是挖掘他们的潜力,带领他们成长,让他们做出更大的成绩,即使略有增长也可以。

要把各项工作委托给其他成员,检查他们是否在认真地完成,在他们遇到困难时,提出建议,如果存在问题,就明确地指出来。为了使整个团队完成更多的工作,承担控制塔台职责的就是团队领导者。

● 成员做不到，问题出在领导者身上

也许这是一个比较极端的论断，如果必须斥责成员"为什么做不好工作"，那原因大多是团队领导者的指导和忠告不足。由于领导者的管理能力不足和技能不娴熟，未能发挥撬杠的作用，所以成员才做不出成绩。

无论是领导者的表达不正确，未将真实的意图传达给成员，还是对他们的激励失败，均不能将责任转嫁给成员。未做出成绩是团队领导者自身出了问题，领导者要以自责的心态反省，这一点非常重要。

要以自身担负的责任为前提。当然，如果你认为不对成员说一些严厉的话就无法将自己的想法传达给对方，就必须考虑好措辞，明确地说明。严厉地指出来，是为了让对方注意到这些问题，而且不会构成职权骚扰。

● 团队成员既非家人，也非朋友

经常会听到"上司要带着爱与下属相处，这一点非常重要"这样的话。但是，我的想法与此不同——团队既不是一家人，也不是朋友。

当有人问经营者"你认为员工是你的家人吗"时，有许多经营者会回答："我像对待家人一样对待他们。"

于是，又有人问："你与员工签订好分配财产的公证书了吗？"没有一个经营者回答"签订过"。

也就是说，"员工是家人"只不过是一句场面话而已。

虽然公司是一个团队，但团队成员并非家人。团队有希望实现的目标。为了实现共同的目标，在其中发挥作用的不正是团队领导者和成员吗？

认为团队成员是家人，是朋友，过于拉近距离，双方的良好关系毫无原则等，就很可能会导致职权骚扰、性骚扰以及其他违规行为。说得更干脆一点，我认为应当将团队领导者与成员理解为一种暂时性的角色。

可以把公司这个大团队划分为几个小团队，团队领导者担任的是其中之一的领导角色。这样理解才正确。

● 团队领导者无需孤独

当然，经营者与团队领导者的作用和立场不同。

经营者有时候需要孤独，但是团队领导者无需孤独。

此外，经营者与员工之间的距离和团队领导者与团队成员之间的距离也不同。经营者与员工之间须保持一定的无法跨越的距离，但是，团队领导者与成员之间的距离则可以很近，随时可以来往。

常常会见到一些团队领导者不理解经营者与团队领导者之间的区别，摆出一副高傲的姿态，一个人担负所有的工作。

团队领导者的角色并不是永远不变的，只是暂时性的，与永远确定的企业经营者的角色有着本质的差异。

● **三种"指向管理"**

刚才我提到经营者与员工之间必须保持一定的无法跨越的距离。但是，团队领导者与成员之间的距离可以很近，双方随时可以来往。

不过，近年来这种距离感过于亲密，团队领导者与成员之间保持着毫无原则的良好关系。对此，我有种危机感。

第一个是"以我为中心"型管理，它表达的是无论是经营者还是团队领导者，都是所谓自上而下型管理方式。

创业者与只有一个人的团队领导者多半为这种类型。一直以来在追求实际绩效和强烈个性的驱使下，用"不说也会明白"的默契配合进行管理。我把它称作"心灵感应型管理"。

不关注个人的情感，也不管是否符合每个人的个性，

## 第1章
### 团队领导者必须有"快速增长思维"

就这样决定了,全听我的,这就是"唯我马首是瞻"型管理。在20多年前,这种高压式的管理还是主流。

不过,如果现在实行高压式的、具有强制力的强硬管理,会被视为职权骚扰而遭到起诉,而且直接会导致员工离职,也会导致员工工作热情下降。

由于"唯我马首是瞻"型管理已经不可行,近年来与这种管理方式相反的另一种极端型管理盛行一时。也就是团队成员各自为政、领导者难以干预的"听从谁的命令均可"型管理。我深切地感到这是因为曲解了多元化管理而带来的弊端。其结果是助长了"问题成员"的气焰,让他们产生"只要自己向领导者提出建议就能执行"的误解,导致团队及公司的纪律、职业操守被破坏。一旦职业操守被破坏,再想回归原来的状态就会很困难。

"听从谁的指令均可"型管理过分拉近了团队领导者与成员的距离,导致双方的良好关系毫无原则性,也导致成员专横跋扈。

在盛行终身雇佣、论资排辈的企业中,"唯我马首是瞻"这种昭和式管理非常有效。而当这种管理走到尽头时,却走向了另一个极端——各自为政,美其名曰工作方式改革,实际上是过分迎合成员的管理方式。然而,这种管理真的正确吗？对此并不认可、心里倍感不舒畅的团队领导者也有很多吧？

许多因"唯我马首是瞻"型管理不合时宜受到批评而偏向于"听从谁的指令均可"型管理的团队领导者，都感到这两种管理方式各有其不合理之处。

● 并非"必须实现"，而是"希望实现"

我追求的团队管理是"自愿听从我的指令"型管理。

领导者明确提出目标"指示"，使团队成员"自愿听从我的指令"。通过将团队领导者的指示与成员的想法合二为一，从而调动他们自发贡献的意愿（主动参与）。

我认为这才是今后团队领导者应该掌握的管理方式。

不过，这种管理方式既费时也费力。相比之下，"唯我马首是瞻"型管理极其简单，只需下一个"好了，就这样干吧"的命令即可。在"听从谁的命令均可"型管理中，"只要按照成员说的做即可"也很容易做到，但是既要与成员保持适当的距离，同时还要调动起成员的贡献意愿却并不是一件简单的事情。

那么，怎样做才可以让成员"自愿听从指令"呢？

关于具体做法，我会在下面的几章中解释。不过，还有一个大前提，那就是团队领导者必须把"必须……"的"must"思维方式转变为"想要……"的"want"。

在许多团队领导者的心目中，"必须达成经营计划""必须遵从行为规范"之类的"must"思维方式根深蒂固。

因此，也可以认为"提升4倍的速度"是"必须实现4倍的速度"。

然而，尽管领导者可以这样想，但成员并不一定绝对"愿意听从"——想要实现4倍的速度。

需要团队领导者先把自身的观念转变为"想要实现4倍的速度"——实现了4倍的速度，必然会达成经营计划。这才是朝着实现4倍的速度迈进的第一步，也是思维方式最重要的革新。

图5 三种"指向"型管理

❌ **"唯我马首是瞻"型管理**
= "以我为中心"的自上而下型
➡ 职权骚扰,很有可能会导致成员离职

❌ **"听从谁的指令均可"型管理**
= 一味地满足成员要求的迎合型
➡ 助长"问题成员"的气焰,职场操守被破坏

⭕ **"愿意听从我的指令"型管理**
= 领导者明确提出目标"指向"
➡ 激发成员自发的贡献意愿(主动参与)

第 2 章

# 准备工作：
# 统一全体成员的目标

● PDCA 中的"准备工作"是指什么？

为了以 4 倍的速度循环 PDCA，团队必须团结一致。如果有的成员想向右前进，而有的想向左前进，就无法提升团队的速度。

因此，要想提升 4 倍的速度，团队领导者必须明确团队要前进的方向及最重要的价值观，将全体成员的目标统一起来。正如在第一章中所述，不是以"必须……"的"must"，而是以"想要……"的"want"意愿把大家的思想统一起来，这一点非常重要。

统一目标是团队在开始执行 PDCA 之前应做的准备。正如体育运动员在正式训练及比赛之前要做热身运动一样，团队正式高速执行 PDCA 之前，也必须做热身准备。

那么，团队领导者应该如何统一全体成员的目标呢？关键在于"五个价值观"和"与团队成员约定"。

# 第 2 章
## 准备工作：统一全体成员的目标

## 渗透五个价值观：使团队成员目标一致的技巧

● 为什么需要"五个价值观"呢？

企业中存在"经营理念""任务""愿景"和"价值"等理念。

一般情况下，"经营理念"和"任务"表达的是公司的使命、目的及存在的意义；而"愿景"表达的是目标、理想和方向；"价值"指的是价值观和行动方针。

团队是企业的一部分，所以要求团队要向着实现这样的企业经营理念、任务、愿景和价值而努力，而团队领导者也有义务将这些内容用自己的语言传达给成员。

因此，为了把团队凝聚为一个整体，我希望团队领导者可以充分利用这五个价值观。将公司的价值观及该价值观具体表现的行动准则，在统一成员的观念、目标指向上充分体现出来。

因为运用价值观来说明远比运用经营理念、任务和愿景更加具体，易于用自己的语言传达给成员，而且成员也更容易理解。

那么，价值观究竟是指什么呢？Primo Japan 与明日之团公司的"五个价值观"如表 2 所示。

表2 "五个价值观"的实例

| 明日之团公司的五个价值观 | |
|---|---|
| **1 可用第一人称描述的人**<br>无论什么事,他们都能够当作"自己的事情"来考虑,以"自己"为主语,用自己的语言来描述。团队成员用自己的语言来描述可以产生强烈的自立心和责任感,向着"自立型人才"方向成长。<br><br>**2 互让互助精神高的人(好心有好报)**<br>一定不要期盼从他人那里得到什么,最重要的是要站在他人的角度看你自己是否为有用之材,要常常在言行举止上考虑他人的利益,这样你才会最终得到相应的回报。<br><br>**3 对附加值高的工作感到有做的价值的人**<br>我们的工作难度大、附加值高,并非是人工智能可以替代的简单工作。有成长欲、上进心、探求心的人能够不断地追求附加值。持续追求这种附加值可以加快自己成长,提高自身的市场价值。<br><br>**4 以高度热情的态度对待客户和业务的人**<br>中小企业的经营者决定引入人事考核制度,以维护甚至比自己的家人还重要的员工的利益。因为这些员工要接触非常重要的客户——他们以自己的人生作赌注,所以需要员工强有力的决策。与购买3000万日元的车、一亿日元的公寓相比,虽然这微不足道,但是,经营者必须常常做决断。这些决断无法用金钱估量,因为我们的经营方式归根到底是 B to C[①]。而且希望在间接部门中也要保持"全体员工参与经营"的意识,以高度热情的态度对待客户。<br><br>**5 懂得普通礼节的人**<br>如果得不到中小企业经营者的深切信任,我们无法开展业务和提供服务。<br>做个能够让60年代、70年代出生的商务人士接纳的人非常重要。也就是说,这个人必须懂得理应具备的待人礼仪——不迟到、使用敬语、衣着整齐等。 | 体现明日之团的员工最珍视的价值观的5个行动准则。<br><br><br><br><br><br><br><br><br><br><br><br>明日之团公司 |

---

[①] 译者注:business to customer 是电子商务模式的一种。B 是 Business,即企业;C 是 Customer,即客户。

(续表)

| Primo Japan 的五个价值观 ||
|---|---|
| 1.以客户为导向 | 一切都取决于客户。要经常考虑客户想要什么,而且要付诸行动 |
| 2.团队协作 | 重视整个团队做出的业绩。不仅个人要努力工作,团队成员之间也要互相协作 |
| 3.实现意愿、使命感、责任感 | 具有责任感,不达目标绝不罢休,顽强地努力 |
| 4.服务敏感度(EQ) | 控制自己的情感,注意以愉快的表情和颜悦色地面对所有人 |
| 5.商业意识 | 让全体成员在各自的工作中追求"营业额UP-成本DOWN=利润UP" |

● 把"五个价值观"转化为现场规范

当时还是Primo Japan副总经理的我与泽野直树总经理思考并制定了Primo Japan的企业理念和五个价值观,目的是使陷入困境的公司复兴,使公司全体员工统一目标,凝聚为一个整体,齐心协力向着同一个方向努力。

为什么说是五个价值观呢?因为尽管组织一定程度上具有多样性,但是如果价值观过多,团队成员不仅记不住,也无法理解透彻,其结果就是空中楼阁,无实际效果。贪多嚼不烂是世上常有的事。

因此，必须缩减价值观数量。然而，对于一家企业来说，如果只提出三个价值观，会略少一些，于是我们选择了五个。

这五个价值观是根植于公司全体成员内心的行动指导方针。提出价值观是为了让高层管理者、团队领导者和团队成员都能够统一目标。所以，这五个价值观非常重要。

然而，如果只是将五个价值观贴在墙上，团队成员并不能自觉地按照它行动。即使经营者天天念叨，成员在早会上随声附和，也改变不了他们的行为，无法加深他们对五个价值观的理解，他们的素养也得不到提高。

落实这五个价值观并非是一件轻而易举的事，如果不能让它在日常业务中实际发挥作用，就无法改变团队成员的行为。

因此，团队领导者发挥着重要的作用。团队领导者居于高层管理者与团队成员之间的位置，承担着将经营者的理念浅显易懂地传达给成员，同时也将基层成员的情况及意见反馈给高层管理者的职责。

团队领导者可以用自己的语言讲述这五个价值观。

## 第 2 章
准备工作：统一全体成员的目标

只要团队领导者自身按照这五个价值观行动，成员就会更加深入地理解它，从而带来行动上的转变。

也许你会觉得"用自己的语言讲述这五个价值观"有点困难，实际上并非如此。只要考虑如何在自己的部门中具体地运用这五个价值观即可。

例如，思考一下，如果是人事部，该将明日之团公司五个价值观中的第一个价值观——"可以用第一人称描述的人"转换成什么语言更加贴切呢？

这句话的意思是指把什么事都当作"自己的事情"来考虑的人，也可以表述为"把公司的任何问题都当作是人事部应当解决的问题"。

那么，营业部为了落实第二个价值观——"互让互助精神高的人"，该将这个价值观转换成什么语言呢？

"首先，要深入了解客户公司销售收入的构成。在此基础上从自己的客户关系中寻找可成为目标客户的公司。一旦找到，立即向他介绍自己的产品。"

此时你只需把这样的行为表现为自己"首先是在为提升客户公司的销售收入做贡献"，要以"互让互助精神高的人"的价值观来规范营业部的行为。

团队领导者要用自己的方式思考公司的这五个价值

观，而且要用自己的语言表述，使其变得更接近成员、更加具体和可操作。这样，公司的五个价值观就会成为团队的五个价值观，就会将思想内涵渗透进成员的心中，最终带来他们行动的转变。

● 如何制定团队的"五个价值观"？

即使你的公司没有制定这五个价值观，也会有根本方针和行为规范等，可能每个公司名称不同，但总会有各自的行动方针。为了将这些指导方针具体地转化为团队的行为准则，必须思考应当采取什么行动。

如果公司确实没有指导方针，团队领导者也可以自己制定。

在自己制定时，必须注意避免"自己考虑的五个价值观与公司的要求出现偏差，成员竭尽全力遵照执行，最终无法得到来自公司的好评"这类情况。

因此，团队领导者在制定五个价值观时，要与直属上司商量，两个人共同决定。为什么呢？因为人事考核制度通常会规定团队领导者的直属上司担任考核团队成员的负责人。

如果上司的职位很高，他可能不太了解现在的工作

## 第 2 章
准备工作：统一全体成员的目标

及其存在的问题、团队的长处和短处、人际关系，以及每个成员的个性和特点等。在制定五个价值观时指望他为团队提一些建议并不合适。

制定五个价值观，要使用一个词或一句简短的话，要用简短凝练的语言来表述，把用于解释价值观的文字写得尽可能具体一些。因为如果文字非常抽象，则无法付诸实际行动。要用可以想象到该如何行动的具体文字来解释这五个价值观，这一点非常关键。当然，如果团队领导者自己不亲自落实，则毫无意义可言。团队领导者必须以身作则，做这五个价值观的体现者。

如果团队制定五个价值观有点多，制定三个也没关系。有的团队一开始只制定一个价值观。

将价值观语言化，再写成体现具体行动的口号，而且将它传达给团队成员，必定会对实现团队与成员的目标及培养成员等发挥积极的作用。此外，还能够鼓舞成员，提高他们的士气。

> **专题** 如何在企业中深入渗透"五个价值观"？

在 Primo Japan 公司，为了将这五个价值观深入地渗透进团队成员的心中，将人事管理的三大要素"录用""培训""考核"与这五个价值观联动。那么，Primo Japan 公司究竟是怎样做的呢？我简单地给大家说明一下。

在"录用"方面，采取的是在录用应届毕业生及在职人员等的面试答卷上写上这五个价值观，看一下面试者是否具有这些价值观。如果有，就问他："之前你是如何按照该价值观行动的？"例如，问一位大学生："有过打工的经历吗？"通过深入询问他打工时的想法和行为，就能推测出他是否可以"优先考虑客户的利益"，于是，可将此作为录用的标准。

在"教育"方面，Primo Japan 公司内部有一所叫 PRIMO 学院的内部大学，大学里有一套教育培训程序。他们为成员指定了与这五个价值观相关的图书。通过阅读这些图书，成员们学到了这五个价值观各自不同的内容，而且提高了对这些价值观的认识水平。

在"考核"方面，将个人能力的发展目标与五个价

## 第 2 章
准备工作：统一全体成员的目标

值观联系在一起制定考核标准。通过"以客户为导向"这个主题，为自己设定行动目标，形成一个考核能否做到这种行为的机制。

Primo Japan 公司不仅提出了公司非常重视的五个价值观，还要求把这些价值观与录用、教育培训、考核等一系列人事战略互动。

明日之团公司也在这样做。把五个价值观与录用、教育培训、考核相关联，录用时要严格考查该员工是否是"可作为第一人称进行描述的人""互让互助精神高的人""对附加值高的工作感到有做的价值的人""以高度热情的态度对待客户和业务的人""懂得普通礼节的人"。

在明日之团公司，有一所名为明日大学的内部大学，也同样指定了与五个价值观相关的图书，规定公司的全体员工都要阅读。例如，由一桥大学研究生院的楠木建老师监译的作品《给予和索取》（亚当·格兰特著）作为这五个价值观中的第二个价值观："互让互助精神高的人"，公司要求全体员工均阅读这本书并写读后感，我负责对全体员工的读后感给予反馈。

在书中频频出现"真正的给予者是指什么"之类通

用语言的同时,可以使员工从表面性地认识和理解"给予"与"索取"开始,达到深入地理解、真正地理解。

## 与成员约定目标:让团队成为一个整体的技巧

● 为什么不是"目标",而是"约定"呢?

为了实现 4 倍的速度,团队要齐心协力、成为一个整体,这一点非常重要。那么,团队该怎么做才能成为一个整体呢?

我认为团队领导者应与成员约定一个目标,而且遵照约定行动,这样就可以成为整体。

作为明日之团公司的领导者,我每年在开始工作的 1 月 4 日,都要与成员约定当年的目标。2018 年约定了下列 7 项目标(参照图 6)。

(1)通过电视广告,提高认知度。
(2)在所有的都、道、府、县中布置人员(包括明日之团公司的薪资顾问)。

> 第 2 章
> 准备工作：统一全体成员的目标

（3）普及基于明日之团公司简介的个人版能力云[②]（Competency cloud）。

（4）引入 100 家当地的海外企业。

（5）明日之团公司人事俱乐部 1000 人交流会（12 月）。

（6）录用 60 位应届毕业生。

（7）平均年收入提高 60 万日元。

与成员约定目标非常重要，因此要充分利用年底和年初的时间，而且我不容许破坏约定。因此，对我来说，并不是单纯地与成员约定目标，而是要求他们必须达成目标。

因此，约定目标意味着自己必须向着实现目标而努力。高层管理者的约定会成为团队成员的目标，所以，可以说高层管理者的约定与成员的目标是表里一体的关系。

并非仅仅是给成员定一个目标并要求他们必须向着实现目标而努力，而是通过约定要求自己也必须努力实现目标。这就是目标与约定的区别。

---

② 译者注：能力云服务主要包括通信能力服务和专业能力服务。

图6 "与成员约定"的实例

# 2017年口号

我们要通过将人事评估制度的云运营支持服务的"绝对！考核"扶植成社会基础设施项目，与中小企业经营者紧密配合，实现日本现阶段的重要课题"工作方式改革，提高生产率"。

- 销售人员要将"忠诚坚韧和经营才干"发挥到极致，而且要设置"薪酬顾问"一职。
- 从事服务工作的人员要将"热情款待"做到极致，提高自身的工作效率。

## 2016年总结

- **渗透明日之团公司的五个价值观**
  通过在愿景共享等会议上不断地反复传达，使这5个价值成为员工的共同语言，并且落实到个人能力目标板，改善行为。而且，把所要求的形象用文字固定下来。
- **建成明日大学**
  虽然培训的内容及图书已经足够，但是，为了更高的目标，还需要在公司、组织、个人成长的同时，不断地夯实内容。
- **经理的成长及价值的提高**
  今年晋升为经理的有8人（其中1人晋升为部长）。参加每季度一次的集中培训会及重要会议，改善经理的待遇。
- **批准300人成为明日之团公司的人事顾问**
  一年内达成这样的目标虽然很困难，但是，立于实现下一年度的预算与向在全国范围内开展网点建设，今后也会继续增加人数。
- **录用了25名应届毕业生**
  虽然未达成，但却得到了他们父母的允诺，承诺率得到了很大的提高，超过了50%。

- **准备开拓新基地**（广岛、金泽、千叶、横滨、新泻、长野）
  2016年6月，在广岛、千叶、大宫开业。2016年决定在金泽开设，预定于2017年2月开始营业。今后，还会讨论在横滨、京都、神户、新泻开设。
- **支付奖金**　　　　　　　　　　　　　（奖金结算准备金）
  预定于2017年3月，储备预备金。仅在下一期中变更为特殊规则，旨在全公司范围内实现奖金支付目标。
- **减少加班**　　　　　定为30个小时，20点30分下班
  从2016年4月开始，减少了加班时间，工资却固定不变，等于提高了全体员工的工资基数此外，严格遵守下班时间，商平均加班时间减少了大约10小时，实现了创业以来的最高规模，公司员工的"工作效率提高了"。
- **计划给予员工5天带薪休假**
  （黄金周连休10天，盂兰盆节连休5天，正月连休6天）
  全体员工都可以获得（一部分员工轮休）。平均每个人得到的带薪休假天数提高了50%。

### 2017年的七个约定

① 增加媒体曝光度 (2017年第一季度预定发行3本图书 从2017年开始在《日本经济报》上刊登广告)
② "明日大学"的进一步发展 (持续召开认证会、学习会)
③ 改善公司内部的交流 (公司内部引入"Talknote"与电脑协作)
④ 确定了奖金的支付 (于2017年12月1日支付)
⑤ 增加女性管理人员
⑥ 成立卫星基地
⑦ 进一步准备设置海外基地

上一次的约定也一定要『回顾』

③ 译者注：在日本，每年阴历7月15日的盂兰盆节是仅次于元旦的盛大节日。离开自己的故乡到外地工作的日本人很多，所以他们利用这个时间回老家团聚。

# 2018 年口号

▎销售人员要将"忠诚坚韧和经营才干"发挥到极致，设置"薪酬顾问"一职

▎从事服务工作的人员要将"热情款待"做到极致，提高自身的工作效率

## 2017 年总结

**增加媒体曝光度**
5 本图书的发行，开始在《日本经济报》上刊登广告，任用小泉孝太郎为"明日之团公司的形象大使"，由 NewsTV(新闻电视台)发布视频，加强自媒体(明日之人事 online/ 钻石在线特别网站 /INOUZ 特别网站)

**"明日大学"的进一步发展**
持续召开认证会、学习会，召开充实其内容的同步会议，开始使用记事本、明日之团公司的履历表

**Talknote 的引入**
停止使用公司内部的电子邮件，通过引入公司内部的 SNS 共享信息(过去的事例及建议书等)，以实现迅速的相互交流(营造根据需要全体人员均可以通过智能手机登录的环境)

**确定了奖金的支付**
创业以来首次在第 10 期的 2017 年 12 月 1 日支付奖金

**增加女性管理人员**
增加女性担任 MGR（经理）和部长职位

**设立卫星基地**
设立夕张基地、鲭江基地

**准备进一步设立海外基地**
成立了上海法人"明日之团公司（上海）"人力资源管理有限公司，把在海外上市纳入了人们的视野，朝订了全球拓展方案

## 2018 年的七个约定

1. 通过电视广告，提高认知度
2. 在所有的都、道、府、县中布置人员（包括明日之团公司的薪资顾问）
3. 普及基于明日之团公司简介的个人版能力云
4. 引入 100 家海外当地企业
5. 明日之团公司人事俱乐部 1000 人交流会 (12 月)
6. 录用 60 位应届毕业生
7. 平均年收入提高 60 万日元

明日之团公司要将"明日型"人事评估制度"绝对！考核"普及到全日本 47 个都、道、府、县，为日本的重要课题"提高工资"贡献力量，创建人事考核产业

明日之团公司

此外，通过提出颇具挑战性和诱惑力的约定，团队会产生团结一致奔向目标的力量。在考虑约定时，想象一下一旦此目标实现之后，成员们欣喜若狂的情景。

那么，约定的内容是什么呢？我来简单说明一下。

例如，第一项"通过电视广告，提高认知度"，只要投入3亿日元的预算，无论是谁都可以推出电视广告，但是仅仅推出电视广告自然是不够的。我认为如果一直以来执行的可提高本公司认知度宣传力度的PDCA循环无法上升到更高的水平，推出电视广告就并不可行。为了提高公司的认知度，可以在《日本经济报》上刊载广告或者在互联网上宣传等。在这些宣传卓有成效时，再推出新措施——发布电视广告。

也就是说，先通过各种宣传手段提高公司的认知度，随着公司实力的逐渐增强，具有竞争力，公司的宣传预算充裕，就可以利用电视广告的形式宣传和推广。

对营业部来说，实现第一项约定"通过电视广告，提高认知度"是一项艰巨的任务。同时，营业总部也要认真收集有价值的数据，共同进行更高层次的数据管理。

## 第 2 章
准备工作：统一全体成员的目标

像这样，如果没有公司所有员工——经营者和员工齐心协力努力，我约定的内容就无法实现。

因此，我在发挥自身领导能力的同时，要求团队领导者在遵守约定的基础上，不仅是数据目标，还要将口号和工作任务转化为具体的行动目标。

通过这样做，最终可使最高管理层和员工全部都遵守约定，形成一种实现经营计划中的数据目标的机制。换言之，公司的全体员工组成一个团队，团队则成为团结一致的整体。

● 如何把握目标"合理的难易程度"？

约定目标时最应该看重的是"合理的难易程度"。这个观点在团队领导者设定目标时也会起作用。

"合理的难易程度"是指付出最大限度的努力，在规定的时间内可以达成的极限难易程度。选定"合理的难易程度"非常困难，如果设置的目标难度高不可攀，成员从一开始就会举手认输，这样他们不仅无法遵守约定，甚至连改进过程都做不到。这样就完全失去了意义。

我在定义必须达成的目标时，会在前面加上"约定"这个词语，而在一般情况下，约定指的就是目标。为什么必须设定一个目标呢？因为只要能够消除现实情况与理想之间的差距，达成目标，就会成长。

如果设定的目标与现实情况相同，即维持现状，要达成目标就会非常容易，但是无法成长。相反，如果目标设定得过高，会打击成员的士气，甚至无法维持现状。

把目标设置在合理的难度上非常重要。为此，能够设定实现过程的过程KPI（关键绩效指标）和行动目标就不可或缺，即便仅仅能够大致想象得到实现的过程。关于由团队领导者设定的这些目标，我会在第3章中详细阐述。

● 加入一项以上令成员兴奋的约定

在制定目标时，要加入一项以上令团队成员兴奋的约定。这也是团队领导者制定目标时非常有效的思维方式。对此，我必须说明一下。

我以前面的七个约定为例，其中的第七个约定"平均年收入提高60万日元"就是让成员兴奋的约定。

"平均年收入提高60万日元"，虽然最终实行与否是由我决定，但只要能够实现经营计划，它却是能够实现且令成员高兴的真实数据。

## 第 2 章
准备工作：统一全体成员的目标

在决定这样的数据之前，与成员约定目标的人必须事先估算，这一步不可或缺。

如果领导者与成员约定的目标数据毫无依据可言，全凭领导者信口开河地说一些"只要努力，即可提高收入"等不负责任的大话，是行不通的，必须根据确凿的、经过佐证的数据来约定，成员在憧憬将来实现了目标的情景时，才会兴奋不已。

如果这个数据是"提高 6 万日元"，成员会有怎样的感受呢？估计不会有那么高的兴奋度吧？

经营者制定可能达成的极限约定也非常重要。即便将来无法达成经营计划，但与成员的约定一旦达不到"合理的难易程度"，也无法让他们感到兴奋。

是否有这种令人兴奋的约定，会直接导致成员工作动机发生变化。有一个对自己来说显然有极大好处的约定，决定着成员对这个约定的整体印象，而且会萌生他们为此而努力的欲望。

如果约定抽象的目标，即便有无数个约定，人们总能找到托词推脱，甚至有可能曾经实现过的目标也无法达成了。这是因为成员没有动力去消除现状与理想之间的差距，从而无法实现增长。

团队领导者在设置目标时,可以用具体化的数据表示目标,一定要在用数据表示目标的同时,有意识地将该数据设置为有可能实现的极限——"合理的难易程度"。

● **团队领导者也可以"约定"**

也许有人会认为团队领导者无权决定团队成员的工资,因此他们无法制定出可以令成员兴奋的约定或目标。

然而,并非如此。例如,无论是大企业还是中小企业,团队成员能否带薪休假,不就是团队领导者的权限范围内可以决定的吗?

在零售行业,由于星期六和星期日不能休息,有的岗位若想连休3天就非常困难。如果处于这样的工作岗位的团队领导者做出"全体成员都可以连休3天"的约定,也许成员会兴奋不已。

如果是星期六、星期日休息的工作岗位,或许"全体成员可以连休9天(星期六、星期日+工作日5天+星期六、星期日)"这样的约定会成为"合理的难易程度"。对于团队成员来说,在一个可以正当地取得连休9天待遇的团队中工作,会感觉到兴奋。

除了休假,由于近年来提倡改革工作方式,可以约

## 第 2 章
准备工作：统一全体成员的目标

定"每周增加一天不加班的日子"。如果遵守该约定，则会逐渐增加到一周两天、一周三天，这样也可能会引发成员的兴奋感。

此外，减少加班可以提高每一位成员的工作效率，进而提高团队和整个社会的工作效率。

而团队领导者主动约定减少成员的加班，让成员得到休假，经营者或上司自然无法反对或否定。

● "回顾过去"是成长的源泉

在本章的一开始，我介绍了 2018 年的 7 个约定，但在公布这 7 个约定之前要先发表前一年的总结，确认是否遵守了前一年的约定，。

2017 年有如下 7 个约定（参照图 6）。

（1）增加媒体曝光

（2）进一步发展"明日大学"

（3）改善公司内部的交流

（4）确定奖金的支付

（5）增加女性管理人员

（6）成立卫星基地

(7)进一步准备设置海外基地

总结这7个约定是否真正在这一年期间实施并遵守了。(1)增加媒体曝光。出版发行了5本图书,开始在《日本经济报》上刊载广告等,遵守了约定。(2)"明日大学"的进一步发展。通过"继续召开认证会、学习会,充实内容""召开同步会,订阅书籍,开始使用明日之团公司的简历"等形式而实现约定的目标。(3)今后也可以通过"改善公司内部的交流"实现目标,虽然2017年的约定已全部顺利地达成了,但是其他年份也存在无法完全达成约定的情况。

例如,虽然在2016年约定了"聘用300人成为明日之团公司的人事顾问"这个目标,但是没有达成。对此,我做了如下总结:

"虽然在一年之内达成有困难,但是立足于实现下一年度的预算与在全国范围内开展网点建设,今后还会持续增加招聘人数。"

像这样,如果无法遵照约定实现目标,也要将实情

## 第 2 章
准备工作：统一全体成员的目标

坦诚地传达给全体成员，而且要清楚地说明今后该如何做以及这次未能实现约定的原因。

提出的约定或目标必须实现，所以必须为之努力。谈到将来能否确保 100% 地实现约定和目标，由于去执行任务的人终归都是普通人而非圣贤，不能确保 100% 地达成。

当无法遵照约定、无法达成目标任务时，要坦诚地反省，思考没有做到的原因，思考今后该如何做才能实现目标，而且要将这一切如实地传达给成员，这一点非常重要。

结果不佳时，如果团队领导者隐瞒情况，或者不当回事，成员会把这一切看在眼里，导致信任关系瓦解。相反，如果坦诚地告诉他们实情，反而会增强他们对团队领导者的信任感。

最坏的情况是，设定的实现约定或目标的期限已经过去，却不管结果如何，也不回顾和反思，就立即制定新的约定或目标。用 PDCA 来说，就是只有 PD 而没有 CA。不执行 CA 的情况随处可见，但如果是这样，无论是成员还是团队、公司，都无法成长壮大。必须回顾执行后的结果，而且要评估结果，然后将结果传达给全体成员，这一点也非常重要。

- **用"口号"鼓舞士气**

前面我阐述了自己亲身实践的与成员（员工）约定目标的技巧以及与此相关的给团队领导者的建议。

在本章的最后，我提一下明日之团公司的团队领导者在实际工作中制定的"口号"。大家一定会认为要使团队成为团结一致的整体，也许制定口号是比五个价值观及与成员约定更容易操作的方法。

有人认为与其将五个价值观按照一个季度的周期落实，不如按更长的周期，而"约定"基本上也是以一年为周期。

对此，明日之团公司的团队领导者提出的口号是以一个季度为周期，恰好就是以 4 倍的速度执行 PDCA。

不过，如果团队领导者还不习惯以一个季度为周期落实提出的口号目标，一开始可以以半年或一年为周期。也就是说，先定位于起步前的准备工作，以统一团队的思想为目的进行即可。

当然，如果习惯了以一个季度为周期（即 4 倍的速度），建议也和我们一样按照一个季度的周期去落实口号目标。

在明日之团公司，团队领导者在每个季度都要公开

## 第 2 章
准备工作：统一全体成员的目标

发表一次口号。在从现在开始启动的一个季度中，要用语言表达作为团队什么是最重要的，成员要意识到什么。这就是口号。

例如，人事部的口号是"第七营业部"。实际上，公司只有六个营业部。但是，在这个口号中，人事部的领导者加入了"人事部也是支持销售的部门"这个思想。

销售部的领导者提出了"系统化1.0"这个口号。因大家的工作业务越来越趋向于多样化，如果每个人都整理、归纳自己的业务并实现系统化，那么，无论是哪位客户提出问题，任何成员都可以代表团队回答。之所以定为1.0，是因为目前什么也没有做，希望今后不断地向2.0、3.0升级。这也是表达团队领导者观念的一种方式。

如果将全部业务进行"可视化"处理的是1.0，那么使其与IT工具联动，进一步提高工作效率的机制就是2.0。通过外包交给外部公司去做，自己则开展完全不同的业务，更进一步提高工作效率就是3.0。大概就是这样的规划。

顺便提一句，如果口号目标中有"强大的""最理想的""独特的"之类的词，对成员来说更有冲击力，更容易记忆，从而更易于行动。

公司的五个价值观中,像"可以用第一人称描述的人"

69

这样的价值观，语言有些抽象和生硬。可以创造一些新词，也可以挖掘并选择一些具有亲和力的词语，来表述团队的五个价值观及口号目标。

在 10 年前，当我还是 Primo Japan 营业部的领导者时，提出了一个"增加粉丝$^2$（平方）"的口号。

除了客户以外，我把可以为我们直接介绍客户的婚庆公司作为本公司的"粉丝"，不采用"增加"这些粉丝的说法，而是采用了"增加的平方""增加，再增加"这样的说法，听起来颇具韵律感，更容易给人留下深刻的印象，而且显示出增加的数量非常多。因此，我们选取了"增加粉丝$^2$"作为本公司的口号。

在誓师大会上成员集体约定目标的时候，全体成员齐声高呼"粉丝增加增加！"的情景，至今记忆犹新。

如果你认为五个价值观、约定和口号目标等已经实现了，就可以再深化，也可以改为实现优先顺序靠前的其他目标。

反过来说，如果提出的五个价值观和口号目标一直保持不变，也就意味着这些目标始终没有实现，五个价值观与口号目标尚未渗透到成员的意识和改变成员行为。

我在前面提到过，在明日之团公司中，团队领导者每个季度都要公开发表新的口号目标。但是，与此同时，一定要回顾前一个季度的口号目标，包括成员的认识程度以及能否达成目标等。正因为能够认真地回顾反省，所以才能坚定地向前迈进。落实五个价值观和约定也与此相同。而且从下一章起阐述的提升4倍的速度的PDCA中，就相当于"C"阶段，是非常重要的一个环节。

从下一章开始，我们来看一下本书的核心内容——提升4倍的速度的PDCA及其具体方法。

第 3 章

# 以 4 倍速增长，该如何设置目标

- 制定一个"大胆的目标"

下面我要开始讲述提升4倍速度的PDCA——"Quad Speed PDCA"了。

首先,我们来思考一下本章要讲述的PDCA的"P"——Plan。

Plan的意思一般是"计划"或"制订计划",在商务活动中的意思是"目标"或"设置目标"。

那么,团队领导者该如何设置团队的目标呢?

"啊,团队的目标不是公司给定的吗?团队领导者没有决定权……"

也许有人会这样想。有些目标确实是公司给定的,例如,销售部一般由管理层决定全公司的销售额和利润目标,甚至还会确定各部门的目标。这样的目标就是给定的目标。

## 第 3 章
### 以 4 倍速增长，该如何设置目标

然而，并不是说团队领导者不能制定其他目标。实际上，优秀的团队领导者会自主设置一个目标，这个目标要略高于公司给定的目标，而且与团队成员共同为之奋斗。因为只要实现这个自主设置的目标，即使最后离这个目标还差几个百分点，也必定能够实现低于此目标的公司目标。

那么，团队领导者要想提升 4 倍的速度，该怎么做呢？他们的目标要超越公司给定的目标。也就是说，要设置一个"大胆的目标"，这个目标要大幅度超越公司给定的目标。而且通过实现此目标，员工和团队就能迅速成长起来。

读到这里，也许有人会想："这样的目标能实现吗？即使制定了大胆的目标，如果实现不了，岂不是毫无意义吗？"请不用担心。

的确，仅仅单纯地制定一个大胆的目标，不会有太大的实际效果。因此，团队领导者必须能够预见"实现目标的路径，即实现的过程"。在本章中，我也会解说为实现这个目标而采取的"目标分解技巧"。

## 设定 200% 的增长目标：可产生突破性的技巧

● 与上一年相比增长 200% = 与上一期相比增长 120%×4 期

一直以来，我将"大胆的目标"设定为"与上一年同期相比增长 200%"。

自明日之团公司创业以来，始终将销售目标设定为与上一年同期相比增长 200%。

而且正如我在前言中介绍的，最近 5 年来，每年达成的销售额与上一年相比都增长了 200%，连续实现了"一年增长两倍"。

使达成这个目标成为可能的方法就是按照一个季度的周期执行 PDCA。

也许你会认为，与上一年相比增长 200%，也就是一年增长两倍，是非常高的目标。但是，如果把它分解为每个季度的目标，就变为"与上一期相比增长 120%"。

如果将上一年最后一个季度的销售额设定为 100，则本年第一季度的销售额为 100×1.2=120，第二季度为 120×1.2=144，第三季度为 144×1.2=172.8，第四季度为 172.8×1.2=207.36。那么，原为 100 的销售额，一年

# 第 3 章
## 以 4 倍速增长，该如何设置目标

之后就增长了两倍以上。

如果将一年后增长 200% 的较高目标分解到各个季度来考虑，只要连续四期与上一期相比增长 120%，就可以达成目标。

要求"一年增长 200%"与"一个季度增长 120%"，给成员留下的印象截然不同。即使是觉得"绝对做不到一年增长两倍"的人，也会认为"如果每个季度增长 120%，也许有可能做到"。

图7　与上一年同期相比增长 200%
＝与上一期相比增长 120%×4 期

如果将与上一期相比增长 120% 持续 4 期（一年）……

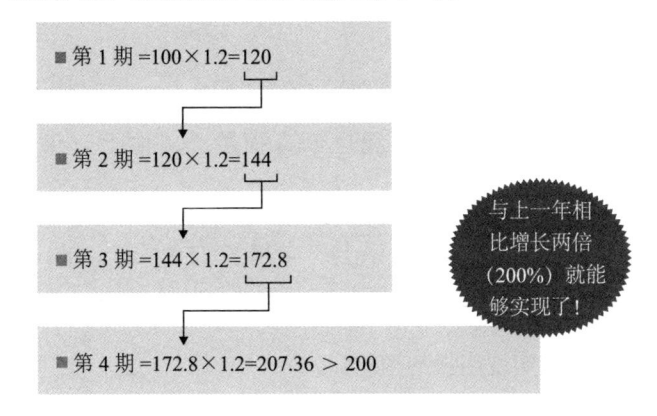

■ 第 1 期 =100×1.2=120

■ 第 2 期 =120×1.2=144

■ 第 3 期 =144×1.2=172.8

■ 第 4 期 =172.8×1.2=207.36 ＞ 200

与上一年相比增长两倍（200%）就能够实现了！

77

- 设置"与上一年相比增长200%"的目标

我是从什么时候开始设置了与上一年相比增长200%的目标呢？记得是始于大学毕业后进入兴银租赁有限公司工作的时候。虽然有些公司给定了租赁资产余额及接受新订单的数量等目标，但当时仅是一名普通员工的我就制定了与上一年相比增长200%的目标并思考为了实现这个目标应该如何去做。

我在Primo Japan的时候，公司也是连年赤字、亏损，根本谈不上盈利。于是，我一直在思考，为了将销售额比上一年增长200%，应该如何做才好。

即使在明日之团公司，我现在也在与员工探讨"将单价提高至两倍会如何""怎样改善，才能够招揽到两倍的客户"。

在此期间，并非总是能够达成比上一年增长200%的目标。即使如此，我也一直执着于"比上一年增长200%"这个目标。

一般来说，设定比上一年增长150%或110%的目标的团队领导者居多。这设定的仅仅是现实性的目标，据此难以实现明显的增长。

另一方面，我立刻意识到，如果考虑比上一年增长

## 第 3 章
### 以 4 倍速增长，该如何设置目标

200%，采用传统的做法无法达到。所以，我努力去想新办法，然后去挑战。

我的想法是，在这个过程中会产生新的突破——我的团队和成员一起成长。

● **大胆的目标与着眼于小处努力密不可分**

与上一年相比之所以有高达 200% 的高增长率，正是因为按照一个季度的周期执行了 PDCA。

为什么这样说呢？与一年相比，一个季度更短，更容易考虑具体的行动和措施，用更短的时间就能完成 PDCA 流程中的执行、检验和改善。换句话说，"只有通过提升 4 倍的速度执行 PDCA，才能够设定比上一年增长 200% 的大胆目标"。

如前面所述，目标的"合理的难易程度"是指能否达成的极限目标值。在不能以 4 倍的速度执行 PDCA 时，由于实现的难度高于极限目标值，有时候即使设定了比上一年增长 200% 的目标，也无法实现。这是因为只有当以提升 4 倍的速度执行 PDCA 难度达到了极限目标值时，才能够实现。

不仅要设定比上一年增长 200% 的目标，为了实现

快速增长，大胆的目标必不可少——最好设定一年以上的中长期目标。不存在能够在短时间内实现大胆目标的超级手段，只能脚踏实地、持续多次执行 PDCA，而且只有不断地实现小改善、小努力、小增长，才能实现大胆的目标。此外，如果需要反复多次执行 PDCA，那么运行速度快的一方就能率先实现大胆的目标。

无论是亚马逊还是谷歌，他们之所以能够成为当今世界上的大型企业，就是因为设定了大胆的目标。大企业并非是由于取得了某项诺贝尔奖级别的发明或伟大的发现等而成功的。现在的亚马逊和谷歌都是不断地以超高的速度反复进行小改善和小投资，最终取得了很大的成就。

实现大胆的目标的关键在于从小的地方着手，不断地积累。大胆的目标与着眼于小处的努力，其实是表里一体的关系。

在这里，我想起了日美通算[4]实现 4000 支安打记录的铃木一郎选手。

铃木一郎之所以能够创造如此惊人的记录，并非是他研究出了什么特别的打法，而是通过一次次击球和一

---

[4] 译者注：日美通算是日本职业棒球的计球方式之一，是日本 NPB（日本棒球机构）记录和美国 MLB（美国职业棒球大联盟）记录的合算。

## 第3章
## 以4倍速增长，该如何设置目标

次次进步，持续不断地击打才获得了成功。尽管我们并不知道铃木一郎选手是怎样想的，是如何坚持不懈地努力训练的，但是一次次地击球，不，一个球一个球地击打，不正是在超高速地执行PDCA吗？

为实现大胆的目标，必须重视另一个重要的问题——每一位成员都要有渴望实现目标的兴奋感。为了高速持续进行小的努力和小的改善，不能缺少希望实现目标的强烈欲望。

为了能够通过提升4倍的速度执行PDCA，必须设定一个大胆的目标，但这必须是能调动起成员的欲望实现的目标。

使团队向着大胆的目标挺进的是"想做……"的"want"，绝非"必须做……"的"must"。

团队领导者将考虑成员"want"的大胆目标作为一年中要实现的目标提出来，为了实现这个目标而执行以一个季度为周期的PDCA，持续不断地实施有效的措施，就可以实现大胆的目标。

## 分解目标：清楚地看到实现目标进度的技巧

● 将目标分解为"过程 KPI"

一旦制定了大胆的目标，接下来应该考虑如何实现该目标以及实现的过程。即使团队领导者无法清楚地看到实现目标的过程，也必须预见到大致的过程才行。

那么，该怎样做才能预见到实现目标的过程呢？

首先，应该分解目标。

我介绍一下 Primo Japan 销售部的具体实例。销售部的目标自然是达成突出的销售额。而且无论在哪一种商业活动中，销售额都可以分解为"招揽客人数""成交率""单价"这三个部分，即"销售额 = 招揽客人数 × 成交率 × 单价"。

假如目标为"销售 1 亿日元"，分解为"招揽客人""成交率""单价"三个部分后要分别设定 KPI。KPI 是 Key Performance Indicator 首字母的缩写，即"重要业绩评估指标"。

最近很盛行 KPI，很多团队领导者都很重视而且已经设定了。然而，仅仅设定 KPI 很不充分。在实现各自的 KPI 的过程中，设定应实现的中期目标非常重要。我把它称为"过程 KPI"。

在 Primo Japan 公司,"招揽客户"会根据不同的渠道进行,并把渠道细分为"zexy(皆喜结婚网)"、法人合作伙伴"TAKE and GIVE NEEDS(接受并给予需求)"(日本婚纱摄影机构)和"Best Bridal(最美新娘网)"。为了超越去年各月招揽的客人数而将每个月从不同渠道招揽客人的目标设定为不同的数据。而不同渠道招揽客人的目标就是"过程 KPI"。

如果是间接部门的业务,可以把目标分解为"质量""成本""交货"三个 KPI。"质量"是指业务的质量。"成本"包括向外部订货的所有费用。"交货"也可以替换为"速度"。

例如,为了提高质量,可以确定好"每周提交 3 份改善业务的提议,每月采用两份"之类的过程 KPI。

同样,要确定好成本的过程 KPI 和交货的过程 KPI,以达成这一切为目标。只要过程 KPI 全部达成,就能达成最终的 KPI。只要达成了 KPI,整体目标就可以实现了。

团队领导者将达成目标的要素分解为三个,进而分别设定 KPI。然后进一步分解 KPI,设置过程 KPI,以达成这一切为目标。

目标→三个等级 KPI →多个过程 KPI，通过将目标分解为两个阶段，就可以清楚地看到达成目标的过程，同时，团队具体应该做的工作也会一目了然。

只要能够将目标分解为过程 KPI，就能确定什么时间可达成过程 KPI。因为如果不确定日期，那么好不容易设置的过程 KPI 也会毫无实际效果。这一点需要注意。

事先确定好完成日期，并不仅仅限于目标，所有的工作都应该事先规定好完成日期。这一点也非常重要，没有限定日期的任务不能称为工作。

然而，不规定期限的团队领导者多得令人惊讶。是否规定了恰当的日期，直接决定了能取得多大的成就。

而且在把工作交给成员时，必须规定好"到什么时间为止"的期限，或者询问成员："什么时候可以完成？""要做到××日为止"等。让成员自己决定日期，这一点非常重要。

● 将过程 KPI 落实到"行动目标"上

将目标分解为三个重要的要素，分别设置过程 KPI。只要做到这一步，实现目标的过程已经清晰可见了。但是，为了

# 第 3 章
## 以 4 倍速增长，该如何设置目标

达成过程 KPI，我还进一步设定了"行动目标 (行动计划)"。

例如，在 Primo Japan，针对"招揽客人"一项，设定了如下行动目标。

"预约 TAKE and GIVE NEEDS 公司的总裁，每个月拜访两次，说明新举办的活动及新的广告赠品，同时赠送一本宣传手册作为该活动结束后的后续宣传"。

此外，根据不同的渠道，将招揽的客人分类。最后还有一个"过客"项目，它确定了能够将多少路过本店的人招呼进店里的过程 KPI。"过客"项目的行动目标内容如下：

"店员每隔一个小时更换站立和木板架（立式广告牌）的位置，视线必须朝向店门的前面。利用擦店面窗户的机会等，在店内走动。门必须半开着，在路过的人们投来目光的瞬间，必须面带笑容有礼貌地打招呼。"

位于商业街的店铺，店员要站立于门外，面对路过的情侣，一面以不会招致对方不快的态度打一声招呼："您想买戒指吗？""如果您中意……"，一面把宣传手册递过去并推荐。是否做这样的努力，一个月中驻足停留的过路人数会有很大的不同。

在明日之团公司也是一样，将招揽客人分为"打电话咨询""外部合作伙伴介绍""老顾客介绍""与地方银行和工商会议所联合举办研讨会"等，分别设置过程PKI。

图8 某店铺销售目标分解实例

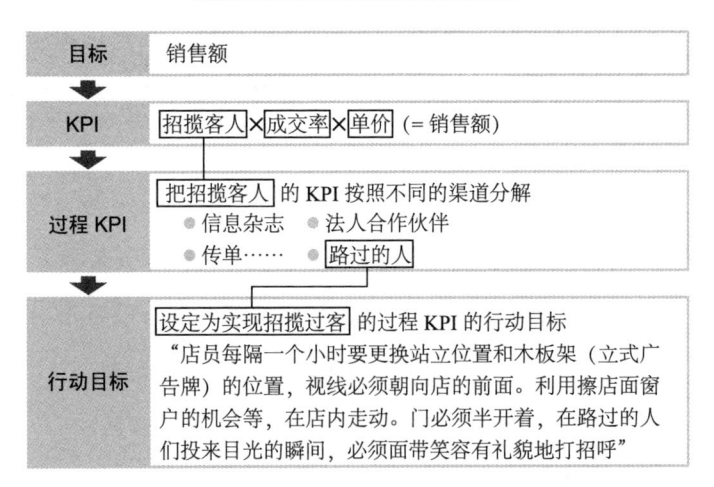

| 目标 | 销售额 |
|---|---|
| KPI | 招揽客人 × 成交率 × 单价 (=销售额) |
| 过程KPI | 把招揽客人 的KPI按照不同的渠道分解<br>● 信息杂志　● 法人合作伙伴<br>● 传单……　● 路过的人 |
| 行动目标 | 设定为实现招揽客 的过程KPI的行动目标<br>"店员每隔一个小时要更换站立位置和木板架（立式广告牌）的位置，视线必须朝向店的前面。利用擦店面窗户的机会等，在店内走动。门必须半开着，在路过的人们投来目光的瞬间，必须面带笑容有礼貌地打招呼" |

招揽客人方式的分类越细、越多，销售战略渠道就越广。渠道越广越复杂，实现目标的概率就会越大。这一点无论是大企业还是中小企业，是B to B还是B to C，都是一样的。

## 第 3 章
## 以 4 倍速增长，该如何设置目标

顺便说句题外话，大部分企业认为招揽客人的责任并非由营业人员承担，而是由总公司或规划部门承担。如果问百货店或零售部工作的售货员："你招揽客人数的目标是多少？"回答不上来的人会有不少吧？

为了防止营业部、销售部的人员因未实现规定的销售目标而推诿责任，我认为非常重要的一点是将招揽客人的责任由现场人员承担。关于"招揽客人的责任"，我准备在第 6 章"可带来原创贡献的'一箭双雕法'"部分详细阐述。

● 不能仅限于一个 KPI

将目标分解为三个等级，分别设置 KPI。进一步分解 KPI，确定过程 KPI。

而且通过将过程 KPI 落实到行动目标上，就可以看清楚实现目标的过程，同时明确员工应该采取的行动。这样自然可以向着目标行动。但是，此时团队领导者有可能会仅仅局限于达成一个 KPI，失去了整体观。

例如，将销售额分解为招揽客人、成交率、单价三个方面，如果仅盯着提高成交率，就会只考虑"如果打七折，就可以成交""如果是半价，成交率会更高"。

如果像这样只图眼前利益而一意孤行,最终"仅仅是能卖掉"而已。也许成交率的确达到了100%,但是,很明显对实现目标没有任何帮助。

说到底,为什么要提高成交率呢?当然是为了使目标销售额最大化。只要回想一下销售额＝招揽客人 × 成交率 × 单价,就会明白。如果在具体的工作现场,每天都追逐数字,不知不觉视野就会变得狭窄,就会盲目追求达成一个KPI。这是团队领导者必须注意的问题。

即使将50%的成交率提高到了100%,如果单价低于原来的一半,销售额反而减少了。团队领导者不要仅限于一个KPI,要时刻将达成销售额这个根本目标放在心上。

此外,在设置过程KPI以及让成员采取行动以达成目标时,要考虑最终目标和过程KPI,有时还要顾及与其他过程KPI的关系。这一点非常重要,就无须再说了。

原本这是与下一章相关的注意事项,因为在这里讲解的是细分为KPI、过程KPI的问题,容易陷入"部分最佳即可"陷阱,特此进行了阐述。

## 神奇提问法：提高团队成员的自我决定感

● 为什么"所有事情都自己决定"不可行？

到此为止，从团队设置大胆的目标开始，到分解该目标，设定KPI，进而将其分解为过程KPI，再落实到行动目标，我都阐述了方法。

那么，如果团队成员严格执行这些行动目标，就可以实现大胆的目标吗？

理论上似乎可以实现，实际上并没有那么简单。为什么呢？因为成员是人，有自己的思想，也有自己的情感。

只要团队领导者命令成员去做已决定的事情就可以达成目标的时代已经结束了。现代管理中最重要的是调动成员的干劲和"想做好"的意愿。

因此，无论是成员的目标还是工作方式，团队领导者都不能自己独断，要尽可能让成员自己决定。

即使有自己的假想和答案，也不能立刻说出来，要让成员讲出与自己相似的想法，为此，必须耐心地提问和沟通。

有的团队领导者"把答案全部说出来"，即使答案正确，也未必能达成目标。有的则走向另一个极端——

团队领导者"完全没有答案",这样也无法达成目标。

作为成员时工作出色的团队领导者最容易实行的是前者"把答案全部说出来"这种完全指示型管理。

"现在我要说三点,请记一下笔记。请大家:①这样……②这样……③这样……我在此已经说清楚了,大家会做了吧。那么,从明天起就这样做。"

对员工来说,这完全没有自我决定感。为什么要采取这种方式,这是不是正确的做法呢,等等。员工完全无法理解。

由于是来自团队领导者的指示,所以成员必须按照指示去做,但是心里却并不理解这样做的原因。

由于成员只是被迫去做,没有实现目标的欲望,结果很多成员都无法达成目标。

即便团队领导者可以预见到实现目标的过程及结果,但把这些当作指示或命令和盘托出,也无法实现目标。要让成员自己去思考,让成员自己预见实现目标的过程,这一点非常重要。

## 第 3 章
## 以 4 倍速增长，该如何设置目标

另一方面，在无法实现目标的团队领导者中，也许有许多类似这样的人——不仅不知道答案，也看不到实现目标的过程。

于是，他们会问成员："你认为怎样做才好？"尽管他并不知道能否顺利进行，却轻率地肯定了成员的想法和回答："好的，就这样试试吧。"

成员有自我决定感当然很好，但是，如果成员的回答是错误的，不管成员有多努力，也无法达成目标。

成员的回答正确与否，需要团队领导者分辨，如果是错误的，就要提出建议、修正方向，引导其给出正确的回答。

因此，即使团队领导者无法清晰地预见，也要大致预见实现目标的过程，还要在一定程度上预见实现的结果。至于团队领导者该如何预见实现目标的过程，按照已讲述的方法做就可以了。

喜欢找托词的团队领导者也许会这样说："即使不这样做，能做到的人还是可以做到。"

确实如此。然而，为了实现目标，如果把工作全部交给成员去做，是不是与碰运气无异呢？当团队中大多数成员可以通过自我激励自行成长时，或许可以实现目标，否则无法达成目标。如果是这样，团队领导者也就失去了存在的意义。

如果你是团队领导者，就不能靠碰运气，要贴近成员并助力他们，给予他们恰当、正确的建议，要指导成员做出成果并达成目标。

**● 敦促成员自己做决定要用的"两个词语"**

为了实现团队的目标，不仅是团队领导者，成员自己也要设定目标，自行思考工作方法，这一点非常重要。为什么呢？由别人给定目标和工作方法，远不及自己做决定更有自我决定感，而且目标的达成率也格外高。

然而，如果由成员自己决定，有的人会制定非常抽象的目标，如"彻底……""把××记在心上""尽可能……"。执行后究竟有没有实现目标，谁都无法知道。

为了让此类成员制定出更加具体的目标，可以让他们使用"例如"这种简单的表述。

对于抽象的目标，只要团队领导者问"例如？"，成员就会想出具体的实例回答："例如，是……"如果还认为太抽象，再进一步问"例如？"。反复提问，就能让目标不断具体化。

## 第 3 章
### 以 4 倍速增长，该如何设置目标

此外，还有一个有效的词语"为此"可以使目标具体化。

假如有一位成员为自己制定了"获得五个新客户"的目标。这名成员在上一期也制定了同样的目标，但是他实际上只获得了两个新客户。在这种情况下：

成员："我的目标是获得五个新客户。"

领导者："明白了。上一期你只获得了两个，所以这是一个具有挑战性的目标。如果采取与上一期相同的做法，也许会产生同样的结果（两个）。要比上一期增加三个。为此，你认为该怎样做呢？"

成员："为此（沉思片刻），我想尝试做……"

如果使用"为此"这个词语，等于在问："为了做出这样的业绩，你准备怎么做"，旨在敦促成员具体地思考做出业绩的过程。换言之，可以将业绩目标转换为过程目标。

"例如""为此"这两个词语都能促使成员思考更加具体的行动，极易与下一步行动联系起来。而且由于

是成员自己决定自己的行动，就会提高他们的自我决定感，也会随之提高达成目标的概率。

对团队领导者来说，这两个词语会成为他们最有效的武器。此外，将成果目标转换为过程目标，对成员达成目标极其重要。

图9 让目标具体化最有效的两个词语

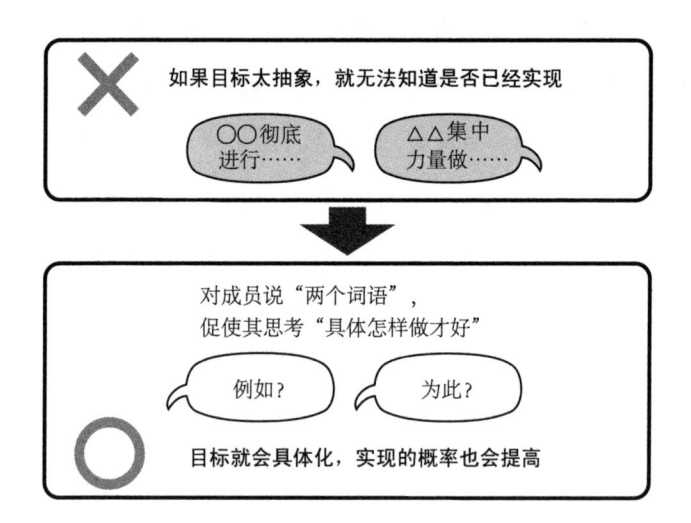

❌ 如果目标太抽象，就无法知道是否已经实现
- 〇〇彻底进行……
- △△集中力量做……

⬇

对成员说"两个词语"，促使其思考"具体怎样做才好"
- 例如？
- 为此？

⭕ 目标就会具体化，实现的概率也会提高

## 第3章
以4倍速增长，该如何设置目标

● 让成员有"能够做到"和"愿意去做"的自信

如果成员认为自己无法达成目标，或达成的希望非常渺茫。那么，怎样做才能使成员认为自己能够达成目标呢？

首先，如果设定的目标与之前达成的目标相同，那么每个人都会认为这次也能达成。然而，这样原地踏步，就无法成长。之前未能实现的目标，但是努力之后有可能实现，这样的目标才是适合的目标。这样的目标也叫作"弹性目标"。虽然并不知道能否达成，但这是只要努力就可能实现的极限目标。

前面我讲述的具有"合理的难易程度"的目标，就是弹性目标。

另一方面，如果成员有"达成目标的欲望"，将更有利于实现目标。为此，要在想要实现的目标中加入成员的需求，这一点非常重要。

例如，如果提出申请想调到其他部门的成员在现在的部门做出了成绩，团队领导者就会推荐他们去想去的部门。从过去的许多实例中也可以看出，做出业绩的人可以被调到自己想去的部门。只要将此类事情传达给成员，就会增强他们实现设定的目标的欲望。

95

在招聘面试中，要考察"Will""Can""Must"这三个方面。

从想成为什么人、想拥有什么东西（Will），能够做的事情（Can）以及必须做的事情（Must）这三个方面考察。

在针对目标达成共识的过程中，只要掌握了Must，就能掌握目标，这是做一切事情的出发点。支持达成目标的则是Will和Can。由自己决定"Must"，即必须做的事情非常重要，有能力决定自己必须做哪些事情的人，才拥有自发实现目标的动机。经营者正是这样的人，他们自己决定目标并努力去达成。

● 设置"每个季度的目标"

到目前为止，目标、KPI、过程KPI、行动目标、成员的目标都讲过了。只是没有涉及时间安排这个问题。因为同时说明在每个季度中如何安排时间非常复杂。

应把大胆的目标设定为一年要实现的目标，还是设定为中长期目标呢？在此，我以制定一年要实现的目标进行说明。

将目标分解为三个等级，分别设置KPI，达成各个

KPI 的期限为一年。为了实现这个目标，要反向计算，而且要设置每个季度的 KPI。

同样，设置过程 KPI 也要采用反向计算法，以此来确定一年后和每个季度的数据。

对于无法用数据表示的定性目标，思考方法也是一样的。分解目标→ KPI →过程 KPI 等以后，要向前推算一年应实现的目标，再确定各个季度应实现的目标。

只要能做到这一步，我认为团队领导者能够大体上预知实现目标的过程。将此牢记于心，思考每一位成员应当承担的任务，再设定目标。

成员的目标和想法也是一样的，设置一年后的目标并将其分解成 KPI 和过程 KPI，然后反向推算，就能设置各个季度的目标。

但是，正如前面阐述的，如果团队领导者决定一切，就无法提升成员的自我决定感。为了让成员思考，应该通过提问和相互沟通，使成员期望的目标接近领导者思考且向前推算过的目标。

也许你会觉得非常困难，但这只是一开始会有的感觉。第二次、第三次，经历几次后自然会驾轻就熟。如同提升正常的水平，设置目标的水平也会越来越高。

一开始要抱着"质量不高但速度快也可以"的态度，连续不断地做下去。只要以提升 4 倍的速度执行 PDCA，渐渐地就会发展为"速度快"且"质量高"，操作起来会轻松自如。

第 4 章

**以 4 倍速增长,
该怎样彻底执行**

- **成功与失败的比例为"51∶49",就能立即实施**

通过设定团队的目标,将目标分解为 KPI、过程 KPI,就会大致预见达成目标的过程,只要成员设定目标结束,团队即将迈入朝着目标执行 PDCA 的"D"阶段。

然而,有的企业尤其是大企业在向着 PDCA 的"D"阶段前进之前,会反复制定方案并检验,迟迟不能付诸行动。他们只重视制定目标和计划,一直在讨论,该目标正确吗?计划真的能够实施吗?却始终没有进入实施阶段。

日本很多的大企业都存在这种倾向,也惧怕承担风险。为此,在制定目标和计划阶段,会列举出一大堆不能去执行的原因,最后导致大胆的目标和相关的计划破产。如果过分谨慎,无论如何也迈不出第一步,更不要说提升 4 倍的速度,只会在竞争中处于下风。这就是企业在竞争中落败的原因。

## 第 4 章
## 以 4 倍速增长，该怎样彻底执行

要立即做出执行与否的决定。很早以前就有人说日本企业经营者的决断非常迟缓。正如我在本章开头阐述的，只要我预估"成功与失败"的比例为"51∶49"，即使仅仅大一个点，甚至仅仅大于 0.000001，也要立即下决心去做。

在经营者当中，似乎有许多人都是"确认有 70% 的把握时，才下决心去执行"。我们是风险企业，如果确认有 70% 的把握才去执行，是不可能以提升 4 倍的速度实现快速增长的。

在现代商务中，有许多事情都是"50∶50"，在没有先例可援引、无法选择究竟采取哪种战略为佳、是白是黑分不清楚、未来无从知晓的情况下，经营者却不得不决断。

其中最重要的是"立刻开始实行"。如果企业在飞快的前进中高速执行 PDCA，那么成功率会"52∶48""53∶47"一点点地提升。

当然，即使下决心在成功率为 51∶49 时实施，实际去做时可能会出现成功率"49∶51""48∶52"……不断地下降的情况。此时，要果断地退出。

像"51∶49"这样的成功率低的判断，不仅经营者要慎重，团队领导者也要慎重。商务活动的临场判断通常会全权委托给团队领导者，如果团队领导者无法判断是否实施，成员就无法开始行动。

如果不去实施，就无法检查结果如何。也就是说没有执行PDCA。即使成功与失败的比率为"51∶49"，团队领导者也要实施。要检查其结果并改善，再制定下一个目标和计划，然后实施。通过提升4倍的速度执行PDCA，以"52∶48""53∶47"……这样的进度提升成功与失败的比率为目标。

在本章中，我要介绍的是在实施阶段提高比率的两种方法。

## 电话助跑法：实时进行个别指导的技巧

● 数字时代为什么要使用电话呢？

在实施阶段，对团队领导者来说，最重要的是成为"撬杠"，这一点我在第一章中阐述过。为了使团队的成果最大化，必须提高每一位成员的工作效率，提高团队整体的工作效率，这一点非常重要。

## 第 4 章
以 4 倍速增长，该怎样彻底执行

为此，团队领导者在培养成员时应当发挥"撬杠"作用。为了让成员做出成果，要贴近成员并助力他们，给予他们恰当、正确的建议和指导。

为了成为团队的"撬杠"，我使用最多的工具其实是电话。我在 Primo Japan 工作时，泽野总经理经常说："恭介真是一个爱打电话的人。"

当时我是团队成员兼领队，一边做作为普通成员的工作，一边还必须做管理工作。白天常常在外面奔走，几乎没有时间坐在办公桌前，即使在公司内也是参加会议等。现在的大多数团队领导者应该也是这种情况。

团队成员中既有只做内勤工作的，也有做外勤工作多的。无论是哪一类成员，如果使用电话，则不受时间和地点的限制，可以轻松取得联系。我在外面时，经常会在行驶的出租车上打电话；而在公司内，有时间的时候也会接连不断地给在外面的成员打电话。

打电话有以下几个好处。我依次说明。

第一个好处是用电话沟通比面对面沟通容易实现。

如果团队领导者叫成员过来直接面对面沟通，有的成员会紧张，还有的甚至会害怕。根据沟通内容的不同，有的可能打电话说更方便。为了贴近成员并助力他们，通过电话轻松地沟通不是更好吗？

打电话时，团队领导者看不到成员的表情，成员也看不到团队领导者的表情。因此，成员心理上也可以放松一些，容易用自然的态度沟通。

当我和成员都在公司的时候，尽管可以面对面交谈，但是，有时候会特意等外出乘坐交通工具时打电话交谈。因为这样可以听到成员的真心话和坦诚的意见。

采用电子邮件或 SNS（社交网站）不可以吗？用文字交谈比打电话更浪费时间。打电话可以听到对方的声音，通过语音交流可以传达比文字更直接的内容，这是打电话的又一个好处。

例如，打电话的时候，可以听出对方说话时是否精神饱满，与平时相比说话是不是有点有气无力；也能听出对方说话语速的快慢，是不是说起来滔滔不绝，或是充满自信，亦或是非常担心等。用文字交谈，就察觉不到以上这一切。对于团队领导者来说，这里面包含着非常重要的信息。

人们常说"团队领导者一定要仔细观察成员"，但是通过交谈去感受也非常重要，因为通过电话沟通也能"看到"很多。

## 第 4 章
以 4 倍速增长，该怎样彻底执行

● 三个关键词："时间短""频率高""及时"

此外，打电话的另一个优点是"时间短""频率高"，而且能"及时"沟通。在如今人人都有手机的时代，利用电话沟通非常便捷。

与成员沟通，一周进行一次 30 分钟的面谈，与利用电话一天进行 3 次几分钟的沟通，哪一种更有效呢？

当然也会因沟通目的不同而变换方式。但是，如果想贴近成员并助力他们，给予他们恰当、准确的建议，绝对是一天通 3 次电话更有效。

与成员沟通最重要的是次数多，而非时间的长短。此外还有一个时机问题。短时间且多次的沟通远比汇总到一起一次说完顺利得多。而且与其他方式相比，虽然打电话沟通时间短，却可以在紧要的时候及时沟通，能够提高沟通的质量。

从这个观点出发，在现在的商业环境中，团队领导者一定要谨记，每天给每一位成员打 3 次电话——上午一次、下午一次、傍晚一次。

职业棒球队员集训，也是一天分 3 次进行练习——上午的练习、下午的练习以及夜晚的自主性练习。其中，在开始上午的练习之前还要进行自主性训练，也就是说队员一天要练习4次。

在工作中,要把一天分为上午、下午和傍晚3个时间段,分别打电话确认工作的进展情况及商谈的内容等。

也许你会认为这样给成员打电话不是太费劲了吗?但如果把给一个成员打一次电话的时间控制在3分钟以内,即使有8个成员,最长也就是3×8=24分钟而已。

而且在自己工作的间隙,例如,在乘车途中,都可以打电话。因此,对于工作繁忙的团队领导者来说,上午、下午和傍晚分别给每个人打一次电话是可以做到的。

像这样一天打3次电话交流,并不代表没有将工作委托给成员做。毕竟正在奔跑的是成员自己。团队领导者仅仅是跑到每个成员身边,实时进行"个别指导"。

现在,在补习班中占主流的教学方法并非是过去的教师指导型,而是个别指导型。为什么说是个别指导型占主流呢?因为这种方式有利于提高孩子的学习能力。

一些进行个别辅导的培训班中把学生的学习水平分为55个等级,针对每个学生的不同情况进行个别辅导,一级一级地提升。把学生召集到一间教室里,由一名教师面对多名学生上相同的课,不如根据每一位学生的学习水平进行一对一教学,这已经被证实对提高学习速度

# 第 4 章
## 以 4 倍速增长，该怎样彻底执行

和学习能力更有效。

在工作中也是如此。"团队领导者仅在一周一次的会议上对全体成员讲话的团队"与"领导者每天询问每一位成员工作的进展情况并进行个别指导的团队"相比，哪一个团队的成员更容易出成果呢？答案不言自明。

● "打一个电话针对一个要点"的法则

还有一点，我在担任团队领导者时，通常给成员打一次电话只询问一个问题，也就是"打一个电话针对一个要点"的法则。

如果打一次电话询问好几件事情，成员必须回答一连串的问题。这样既浪费时间，也会给成员的心理造成很大的负担。

因此，团队领导者在打电话之前，要考虑最紧迫的问题，精准定位，问自己最想问的问题。电话交谈中，如果让成员只回答一个问题，他在回答问题时就不会感到有压力。只要得到了领导者给予的有用的建议和及时、简短的反馈，成员会非常乐意接听电话。

团队领导者打电话来的时候，如果成员感到"真不愿意接啊"，这就说明他认为团队领导者打来的电话是

107

危险的信号。团队领导者打过来的电话必须成为帮助成员解决问题的"放心热线"。

此外,只要团队领导者习惯了一天给每一位成员打3次电话,那么成员也会逐渐把打电话沟通视为日常工作的一部分,能够自然地沟通。

那么,在电话中应该向成员询问什么呢?

最多的是关于"那件事办得怎么样了?"之类的询问工作进展的问题。如果进展没问题,就要问"有什么感到为难的事情吗?""有问题吗?"等。如果成员有感到为难的事情或存在什么问题,要提供一些建议并解答疑问。即便如此,也用不了3分钟时间。

当进度存在问题时,要询问"为什么会停滞不前呢?"等,提问要针对理由或原因,而且要提供建议。当遇到在电话中不能立刻给出解决方法的大问题时,只要提议"回到公司后我们一起想办法",员工就会感到安心。

如果团队领导者与成员对利用电话沟通已经习以为常,成员自己会主动打电话给团队领导者——"刚才的事情有一个问题……"一开始成员在心理上对给领导者打电话或多或少会有一些抵触——"很不想给领导者打

## 第 4 章
以 4 倍速增长，该怎样彻底执行

电话"，但时间一长，这种感觉会慢慢消失。

不用夸张地准备一堆资料开会，打一通电话问一问即可。例如："那件事情办得怎么样了？""是这样的……""好的。有感到棘手的事情吗？""现在暂时还没有。""那么，后续工作就拜托了。"这样的沟通，只花费一分钟就能完成。

为了成员，如此简单的事情没有理由不去做。

● 电话是支持目标实现的工具

团队领导者一天给每一位成员打 3 次电话，是不是对成员保护过度了呢？也许会有人提出这样的批评。

当然，即使团队领导者不打电话确认工作的进展情况，成员也可以毫不停滞地完成所有的业务。也许会有能够这样圆满完成任务的成员，但只是极少数。这是一种理想的状况，在现实工作中普通人居多。

与其采取放任主义导致几项工作失败，不如多加保护。而且，我认为帮助成员一起到达终点是非常不错的体验。

此外，如果将工作置之不理，信息很快会过时，就无法向前推进项目。如果磋商之后的 10 天什么也不做，会连 10 天前商量了什么都弄不清楚了。

在磋商之后的第二天,就要询问进展情况:"你首先做了什么?"只要团队领导者对此给予建议,成员就会有新的发现。此外,如果在较短的时间跨度内这样做,即使成员前进的方向出现了偏差,也可以立刻纠正过来,让其步入正轨。

如图 10 所示,团队领导者每天打电话是从 A 点向 B 点靠近员工的做法,只要以这种较短的跨距重复这条路径,就能快速向目标前进。

相反,每周开一次会议,时间相隔较远、跨度大,则会减少重复路径的次数。此外,当成员走错方向,或遇到了障碍停滞不前时,团队领导者就无法及时发现,不能立刻纠正。其结果是在达成目标的道路上浪费了时间,最坏的情况是最终未达成目标。

图10 "电话助力技巧"的效果

**无电话助力的情况**

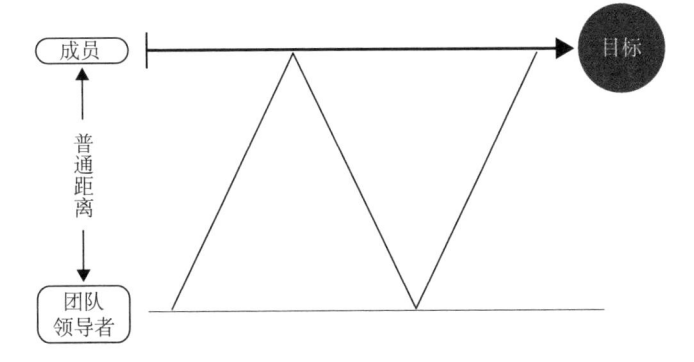

成员 ← 普通距离 → 团队领导者

目标

**有电话助力的情况**

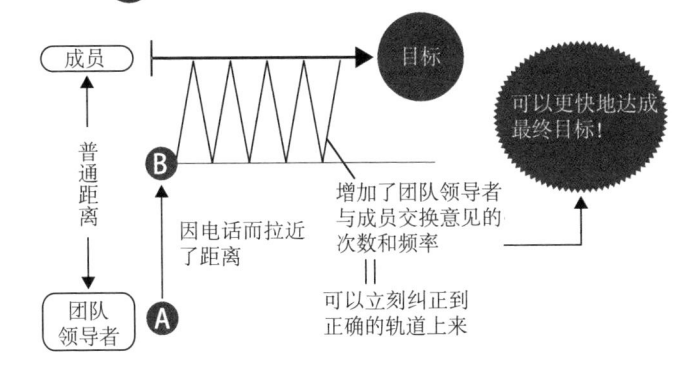

成员 ← 普通距离 → 团队领导者

目标

Ⓐ 因电话而拉近了距离

Ⓑ 增加了团队领导者与成员交换意见的次数和频率
＝
可以立刻纠正到正确的轨道上来

可以更快地达成最终目标！

我再重复一遍，通过电话进行沟通，会增加团队领导者与成员之间交换建议的次数，这会使工作项目戏剧性地顺利推进，双方会携手一起走在通往目标的道路。

通过这样做，每一位成员都可以以最短的距离、最快的速度达成个人目标，也就能够实现团队的目标。

以提升4倍的速度做出成果的团队领导者，即便是做很小的事情，也会随时与成员交流信息，打造出随时可以相互轻松提问的关系。

打电话谁都可以做到，然而许多团队领导者并没有重视它。如果团队领导者还没有尝试过，也许应该迈出的第一步正是给成员打电话。

正如我到此为止所阐述的，为了加深与员工沟通的紧密度，我充分利用了电话。虽然电话是最合适的沟通工具，但是对于不同的团队领导者、不同的业务内容，也有使用电子邮件或SNS（社交网站）等会更方便的情况。

最重要的并非是使用什么工具，而是团队领导者通过一天多次与每一位成员沟通贴近并助力他们，以最短的距离到达既定的目标。一定要注意沟通的本质。

# 第 4 章
以 4 倍速增长，该怎样彻底执行

**专题** 什么是"三明治式反馈法"？

在上文中，我曾讲述团队领导者打的电话必须成为帮助成员解决问题的"放心热线"，对于工作敷衍或者能做的事情不做的成员，必须严厉地批评。

此外，如果无法按照预定计划达成目标，团队领导者必须把这一点指出来，这是其职责。

在严厉批评成员并向其反馈问题时，如果采用"三明治式反馈法"，成员也易于接受。

首先表扬，其次严厉地批评，最后再表扬。也就是把严厉的批评作为中间的食材，夹在表扬的面包里。

这种方式可以使被批评的成员保持自信，不会让他们感到自己完全被否定了，易于让他们接受严厉的批评。

为什么要用三明治式反馈法呢？并非是对成员仁慈和纵容，主要是为了降低对他们造成的伤害。

三明治式反馈法是能让团队领导者将必须说的话讲出来，而又不会挫伤成员的干劲的好办法。请你一定要在实际工作中试一试，体会一下实际效果。

## 脑内彩排法：戏剧性地提高会议效率

● 领导者是会议的导演、主角和编剧

在实施阶段，团队领导者担当着推进会议的重要角色。会议的质量绝对是由会议推进者决定的。

例如，由大脑运转慢的人负责推进会议，会议进展会很缓慢，也会让大家不耐烦。如果会议推进者的节奏慢，会议的节奏自然也会很慢。开会质量的高低是由推进者的水平决定的。团队领导者要将这一点铭记于心。

社会上也有人认为"开会是在浪费时间，根本不需要"，团队领导者中或许也有人这样想。然而，这种观点是错误的。

说开会没用是因为未建立起推进会议的合理方法，准备不足，从而拉长了会议时间，而且讨论不出结果。开这样的会议确实没有意义。

开会理应是极其有效的。要想让团队不开会就能够达成目标，每位成员必须很自立且全部都是优秀人才。而如果团队中聚集的大多是普通水平的成员，我认为不

## 第4章
以4倍速增长，该怎样彻底执行

可能做到。

开会是为了提高团队的工作效率，是向成员传达团队领导者的意志及期望的重要形式，包括只占用几分钟的短会。如何有效地发挥开会的作用，可以说是团队提升4倍的速度达成目标的关键所在。

因此，我认为会议就是展示的"舞台"。作为会议的推进者，团队领导者是掌控这个舞台的导演，也是主角。而且就像编剧所写剧本的质量决定舞台表现的质量，会议也是一样，团队领导者事先写的剧本的质量决定着会议的质量。也就是说，团队领导者就是编剧。

由于团队领导者是会议的导演、主角和编剧，所以通过合理选择议题、参会人员、会议时长、会议地点等，就可以提高团队的工作效率。

例如，当有的团队进展不顺利时，团队领导者会把成员紧急召集在会议室里，举行30分钟的会议。即使是这种情况，团队领导者写剧本也可以考虑以下几种范例。下面我举几个例子。

首先，团队领导者不能情绪激动，需平静地听取每位成员的表述，把握好现状，重新确认最终目标；为了后面以最快的速度推进工作，需重新制定工作的优先顺序并据此修改之前的日程安排；要举行一次在会后可以立刻付诸行动的会议。这样的剧本要求团队领导者扮演沉着冷静的角色。

相反，如果团队领导者在会议一开始就说，"看到一周以来大家的工作迟滞不前，我对此感到遗憾"，故意有感情地讲话，就会动摇员工们的决心，到了最后，却为了鼓舞士气呼吁大家要努力奋斗。可能有的团队领导者写出的是这样的剧本。

"我看到大家的表情都很沉重，不必这样！我并没有生气，也并非想责备大家。大家先把这一切全部忘掉。将前面所做的事情先忘掉。忘掉过去，从现在这一刻起，都要向前看。没关系，实现目标还来得及。"团队领导者要用轻松的语言消除团队的沉闷气氛。写这种剧本的团队领导者也有。

如何推动会议的进程，取决于团队领导者编写的剧本。我想大家应该都明白了。

总之，提到事先准备会议，人们偏向于输入性的信息收集。但是，编写剧本并输出也很重要，甚至比前者更重要。可以说，在为开会和商务谈判做的事前准备工作中，收集信息和编写剧本相辅相成，二者缺一不可。

# 第4章
## 以4倍速增长，该怎样彻底执行

● **剧本由信息的质与量决定**

以上所述并不仅限于开会。例如，在谈判中，要想深入了解客户，只要精确地推测客户当前的真实需求，就能在剧本中写出在谈判中我方会说的台词，甚至是对方的台词。

而且只要能够写出这样的剧本，就能掌握谈判的全局。

那么，为了写出高质量的剧本，该怎样做才好呢？

那就是在事前的准备工作中，既要有工作量，也要把质做到极致。为了了解客户，一种办法是如蜻蜓点水般迅速浏览一遍客户公司的主页，另一种办法是详细阅读网页上该企业的发展历程甚至客户公司的录用信息等所有内容。尽管这么做看起来似乎与谈判无直接联系，但是这两种办法在了解客户公司情况的"深度"上是截然不同的。有的推销员为了深入了解新拜访的企业，会拜托对方提供公司的发展史，事先仔细阅读。

像这样，只要增加事前准备工作的量，自然也会提高准备工作的质。例如，之前从未预约到的公司总经理，答应见面的附加条件是"只有30分钟见面时间"，你必定要在会面中展现出很了解该企业的样子，而且将此传达给对方公司的总经理。

该公司目前的经营状况自然不必说了,如果还获得对方公司总经理的性格及最近的心情等信息,就能事先写出几个版本的剧本。

而且如果以"我一生中只有这一次机会"这样的态度去谈判,自己的言行、对谈判的重视程度等,都会表现得与平时不同。如果充分、灵活地利用事先写好的剧本,则可以掌控整个谈判的进程。

开会也一样,如果团队领导者一开始就问"啊,今天开什么会?",成员就会认为这是一次无关紧要的会议,那么,这必定是一次毫无紧迫感、不值得召开的会议。

相反,如果团队领导者认为"这是我一生仅有一次的机会"并事先认真准备,则可以召开一次高质量的会议。

- "甚至想象到所使用的颜色"

那么,事先准备到什么程度,才能够写出高质量的剧本呢?

我认为要将"甚至想象到所使用的颜色"牢记心头。

例如,第一次去某企业时,要花至少一个小时的时间专注地收集信息。首先,浏览一遍该企业的网站页面,

## 第 4 章
以 4 倍速增长，该怎样彻底执行

反复阅读该企业的经营理念、业绩和高层领导者的讲话等，直到能背诵为止。如果总经理有 Facebook，也要浏览。此外，在网上搜索该企业，也要浏览自己比较在意的页面。

这并非什么特别的事。事实上，访问我们公司的人中也有许多人做过这样的事情。曾经有一位推销员浏览了明日之团公司的主页，还阅读了我的 Facebook，知道我经常穿蓝色的鞋子，打红色领带，甚至说过什么话。

"您今天没有打红色领带哦。我今天非常有幸能够见到您，所以系了一条与您那条一样的红色领带。一开始就是您的红色领带给我留下了深刻印象，今天我终于来到这里了。"

只要你看过了对方企业采用的象征色与网站、宣传手册中重要之处所使用的颜色，即使你一次也没有去过该公司，你也可以想象得到对方制作的企划案资料的底色、该公司总经理喜欢的颜色，以及该企业员工服装的颜色，甚至有时候连办公室墙壁及家具的色调也能够推测出来。

只要你在事前的准备工作中下足了功夫，就能"甚至想象出对方公司所使用的颜色"。事实上，在我们将

119

总部搬迁到现在的银座 SIX 后，第一次来这里的一位银行的负责人曾这样说过：

"办公室与高桥先生的形象真是很吻合啊！"

"啊，什么意思呢？"

"嗯，在银座 SIX 这样的繁华地段，办公室却异乎寻常地毫无修饰、非常简朴，颜色也给人以纯白的感觉。我原本是依靠自己的直觉揣测的，来到这里一看，果真如此。"

像这样的话，至少有 3 个人说过。因此，长期关注对方企业情况的人，可以轻易地做到"甚至能想象到所使用的颜色"。所以，只要努力了解对方企业，不论是谁都可以做到"甚至能想象到所使用的颜色"。

我刚才讲述的是在事前的准备工作中对对方公司所使用的"颜色"的印象，接下来我想讲一讲对对方公司"室温"的印象。

例如，开研讨会或演讲时，如果室内温度过于舒适、暖和，乍一听似乎很好，但事实上是不断有人听着听着便进入了梦乡。

因此，在自己能够调节温度的会场，无论是举办研讨会还是演讲，都要把会议室、展览会的会场及商务谈判室的温度设置得比舒适的室温稍低一点。我认为当会场内的几位女性穿起外套时，室温是最合适的。

在去对方的企业时，自己自然无法设置温度。因此，要想象天气的情况。会被领到什么房间去呢？那里的室温是多少？想象一下具体的温度。

● 把事前写好的剧本作为会后的记录

我们把话题返回到团队领导者召开的会议上。大多数人认为会议记录是开会之后才写的会议的结果。话虽如此，但是，如果团队领导者事先准备得非常周全，甚至可以通过事先写好的剧本推演出会议的结论，那么，该剧本就是会议记录。

例如，为确定今后企业经营应着重致力于哪种促销方式而举行会议时，团队领导者可以进行如下思考：

·主要的促销方法有 A、B、C 三种，因此不会讨论除此之外的方法。

·擅长 A 方法的 X，可能会推选这种方法。

·与此相对，不擅长 A 方法的 Y 会陈述反对意见，可能会主张 B 方法。

·擅长 C 方法的 Z，似乎不会说什么。

·X 与 Y 的讨论结果难以预测，X 并非不擅长 B 的做法，Y 近年来业绩优秀。

·如果大家就 B 方法达成一致意见，则为上上之策。

**图11　事先写好的剧本作为会议记录**

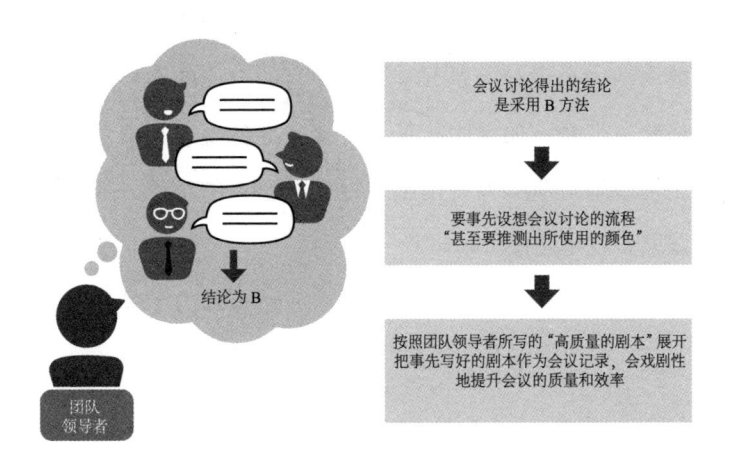

会议讨论得出的结论是采用 B 方法

↓

要事先设想会议讨论的流程"甚至要推测出所使用的颜色"

↓

按照团队领导者所写的"高质量的剧本"展开
把事先写好的剧本作为会议记录，会戏剧性地提升会议的质量和效率

简单来说，只要事先阅读这样的讨论流程，包括作为会议主持人的自己在什么时间应该说什么话，团队领导者根据思考的流程，就能写出剧本。

身为团队领导者，即使无法将每个成员的台词都写

# 第 4 章
## 以 4 倍速增长，该怎样彻底执行

出来，也必须想象出谁会发表什么意见。

如果存在成员表达的意见与自己想象的不一样的情况，则说明自己对该成员不够了解。

如果是商务谈判，则必定会有谈判的对象，所以极难控制全局。但如果是公司内部的会议或本团队的会议，团队领导者控制全局的 90% 也不是不可能。

也就是说，在事先写好的剧本中，90% 的内容会成为会议记录。

● **会议前要精心准备**

对于初次拜访的企业，我阐述了事先准备工作至少要花近一个小时时间，因为这是为了谈判，是与公司外部的人初次见面必须做的事情。

对于团队的会议，团队领导者花在事先准备工作上的时间越短越好。因为每天与成员交流，不必特别去查证。与成员相关的全部信息，业务及课题等团队的整体信息，理应都已装入团队领导者的脑中。

如果是带领团队一年以上的领导者，只要事先准备 15~20 分钟，就能够写出高质量的剧本。当然，这也要根据会议的内容而定。

不过，如果是刚刚成为团队领导者，仍然是处于掌握团队和成员相关信息阶段，事先准备工作还是多花费一些时间为好。因为事先准备工作对收集和整理团队与成员的相关信息有直接的帮助。

按量与质的关系来说，通常完不成量却想提高质是无稽之谈，质是伴随着量的完成而提高的；不完成量，则不能向质转化。

尽管如此，但并不能说只要增加量，质必定会提高。团队领导者召开一万次"虎头蛇尾"的会议，也不如召开100次事先精心准备的会议，这样会更容易写出高质量的剧本来。

在每次开会之前，只要团队领导者认为"这是一生中唯一的机会"并事先做准备，剧本的质量会显著提高，会议的质量也会随之提高。

此外，说到会议前做准备工作，也许有人会认为是事前疏通工作，但是，我所说的事先准备工作并不包括事前疏通工作。我反而认为开会并不需要做事前疏通工作。

事前疏通是为了会上顺利通过议题。既然是这样，那么，事前疏通后再开会毫无意义可言。这样的会议并不是认真讨论议题，只是表决而已。

# 第 4 章
## 以 4 倍速增长，该怎样彻底执行

开会的目的在于让持各种立场、观点和意见的人集中在一起认真、充分地讨论，逐渐达成一致，最终得出一个结论。

因此，如果不讨论，而是通过事前疏通得出结论，只是为开会而开会，是一种浪费时间的做法。因此，开会并不需要事前疏通。

## 俯瞰进展法：以最快的速度下结论

● 会议中下"结论"胜于"讨论"

召开会议是为了与参会成员讨论几个议题，最终针对议题得出结论。

而有的团队领导者却并未充分理解这一点。

例如，有没有团队领导者认为开会是为了讨论和听取参会成员的意见呢？的确有这样的会议，但开会最基本的目的是充分讨论后得出某个结论。

只听取参会成员的意见，即"会而不议"，不进行讨论，根本就不能称为开会，仅仅是收集参会成员的意见而已。

此外，让参会成员陈述意见并进行讨论，还没得出结论就结束会议，即"议而不决"，也不能称之为开会。

有的团队领导者在会上不下结论，却把下结论的事推到下一次会议上，这也不行。

有时候讨论进入白热化阶段，不管怎样努力也得不出结论，最后不得不推迟下结论的时间，但是，这属于极个别情况。几乎所有的会议，虽然有开会的时间长短之分，但只要在一定的时间内进行讨论，必定能得出结论。不，只要在一定时间内讨论，必须下结论，这才是会议。

如果意见大体上分为两种，则领导者要选择其中一种作为结论。或许正是因为有很多领导者无法做出这样的决断，才推迟了下结论的时间。

有的团队领导者在尚未得出结论之前就让大家停止讨论，或者做不出决断而推迟下结论的时间，会后也无意组织成员再次讨论，到了下次开会的时候，依然重复这件事，这样的领导者主持的会议纯属不下结论的、无用的会议。

会议固然是供大家研讨某个问题的场合，但是最重要的并非讨论，而是得出结论。会议以得出结论为目的。团队领导者现在应当重新认识这一点，在会议上，要针对一个议题下一个结论。

# 第 4 章
## 以 4 倍速增长，该怎样彻底执行

**● 整体俯瞰全局，就能推进会议**

前面我为大家讲述了团队领导者是会议的编剧，然而在实际开会过程中，不按照剧本推进也在情理之中。但是，即使在这种情况下，团队领导者也不能把讨论的进程拉向不正确的方向。

为此，必须整体俯瞰全局。这要求团队领导者向后退一步，观察讨论的整体情况。

在会议中，原本应该是参会成员与团队领导者同时向后退一步，俯瞰讨论的整体情况并陈述意见，这非常重要。但是，成员中有的人不仅仅退一步，也许会退两步、三步，反而会使讨论陷入混乱。

例如，销售部中，在围绕扩大 A 商品销售的新策略讨论的时候，有人提出"原本 A 商品质量就很差""A 商品的功能少"等意见，然而讨论的主题却是如何扩大 A 商品的销售，会上即使提出 A 商品的质量与功能等问题，对讨论如何提高销售额也没有任何帮助。

如果像这样讨论超出了范围，反而会出现脱离讨论主题的意见，使讨论陷入困境。

当有人提出的意见使大家的讨论陷入困境时，团队领导者必须考虑意见是否符合讨论的主题，如果偏离了，则要说"这不是我们今天要讨论的主题"等。团队领导者必须为会议掌舵，以免使讨论陷入僵局。为了能够有效地把握讨论的方向，团队领导者要退一步俯瞰讨论的整体情况，这一点非常重要。

此外，也有些参会成员会一直说一些否定性的意见。例如，会议议题是"如何提高销售额"，团队中的一两个成员却一直在说无法提高销售额的原因和理由。

面对这样的情况，团队领导者可以向他提问："那么，你认为应该如何提高销售额呢？"必须促使讨论向前推进。

只要能够做到退一步俯瞰全局，就会看清楚这些意见是推进了讨论还是阻碍了讨论。如果不俯瞰，就会对参会成员的否定意见给予类似"是啊，是啊"的赞同。如果变成这种情况，讨论无疑会陷入困境，会议室里全部都是"做不到"的否定意见，再也得不出有效的结论了。

特别是对中小企业、风险企业来说，我认为团队领导者主持会议能力的强弱，关乎公司的存亡，主持会议的能力非常重要。

如果团队领导者能够做到退一步俯瞰整体状况，则不会出现无谓的会议，会议将会变得非常有价值。

此外，如果能够退一步俯瞰全局，则该领导者也具

# 第4章
## 以4倍速增长，该怎样彻底执行

有做决断的能力。我认为，这种俯瞰的能力对于团队领导者来说不可或缺，也与做决断的能力息息相关。

### ● 与成员沟通和举行会议缺一不可

在PDCA的"D"阶段——执行阶段，因行业类型、职业种类不同，执行的内容也不相同，因此，无法论述具体的执行内容。前面我已经阐述了为贴近员工实时进行个别指导的"电话助力技巧"，任何行业和职业的团队领导者均需要的推进议程的"脑内彩排法"以及"俯瞰推进法"。无论哪一种，团队领导者所起的作用都非常重要。

而且日常与团队成员的沟通和每天召开的会议，如同团队这辆车的两个车轮。如果两个车轮不能顺利运转，那么推进业务的过程中就无法向着目标高速飞奔。

反过来说，为了提高4倍的速度向前飞奔，经常维护这两个车轮极其重要。这二者中无论是哪一个稍微出现问题，都必定会导致团队出问题。

正因为是每天进行的工作，团队领导者绝对不能松懈，要通过不断地与成员密切沟通，提高每位成员的工作效率，进而提高整个团队的工作效率，这一点非常重要。

129

第 5 章

# 以 4 倍速增长，该如何分析和检查

● 当今日本企业最欠缺"检查能力"

在序章中我曾经阐述过,有许多企业有执行PDCA的愿望,却无法执行。据我观察,这是因为无法执行PDCA中的"C"(Check,检查)造成的。如果无检查能力,则无法进入下一个步骤——改善行为,导致只会在"PD—PD"阶段原地踏步或兜圈子。

PDCA原本是螺旋式的,运转次数越多,则越向高水平提升。然而,在许多企业中,"做完就算结束",不执行检查程序,或者因执行不彻底而导致无法提升到更高一级阶段。尤其是在中小企业及风险企业中,这种倾向更加明显。

我再说一下大企业的情况。大企业曾经特别精于检查。其中制造业要反复多次检查,通过提高质量精度,提高日本产品的品牌力量。

## 第 5 章
以 4 倍速增长，该如何分析和检查

然而，近年来，大企业频频发生检查舞弊的问题。在我看来，其根本原因在于泡沫经济崩溃之后，出现长期通货紧缩，企业开始轻视检查，把检查看作增加成本的无用之举。

此外，在大企业中，由于越来越缺少"必需的不可或缺的检查"，但像我在第 3 章的开头所阐述的，阻碍计划执行的"无用的检查"在增加，使我不禁忧心忡忡。

鉴于目前大多数日本企业缺乏检查能力，提高检查能力是当代经济竞争中的强烈要求。

正因为如此，以提升 4 倍的速度为目标的团队领导者，必须完全彻底地专注于执行"C"。

虽说如此，也不必把这个问题想得太难。在此，应该做到的只有"每周进行团队会议"与"业务的断舍离"这两点。下面我一边介绍我们明日之团公司所做的努力，一边进行解说。

## 一周召开一次会议：提高团队的检查能力

● 为什么每周都要召开会议呢？

我认为每周定期召开的"一周一次的会议"才是实施检查的场合。而且为了以4倍的速度执行PDCA，这种每周召开的团队会议不可或缺。

每周的团队会议是指每周定期在相同的时间召开的会议，是由团队领导者和成员共享目标的进展情况及过程KPI的完成情况等重要数据，彻底面对现实的会议。

像这样通过每周召开的例行会议，能够以一周为单位，运行团队的PDCA。

这种以一周为单位执行PDCA的团队会议，即便说它是能否以提升4倍的速度执行PDCA的关键也不为过。这一点与行业类型、职业种类无关，适用于所有企业和团队。

为什么这么说？在每周的团队会议上，都要确认重要的数据，这就是在发挥检查的作用，同时也可以在团队会议上决定下一步的行动，改善方案、计划和目标。

反过来，没有意识到PDCA的例行会议，可以说没有任何意义。

● 确定最适合"分析"的会议时间

每周召开团队会议，无论是星期几都没关系，但是，根据不同的行业和职业，自然会有最合适的日子。团队领导者必须考虑、判断和决定星期几最合适。此时，希望注意的是考虑适合于"分析（C）"的是星期几。

例如，在星期六、星期日商品爆发式畅销的零售业中，也许在星期五召开团队会议最合适，这样可以让员工们在星期六、星期日更全面地贯彻推销方案。

而星期六、星期日休息的企业，我认为在星期一的上午召开每周例会最合适。这也是为了确认接下来一周成员的行动，以全面贯彻团队领导者的指示。

这些会议的重点是"计划（P）"，虽然也有强化"实行（D）"的意图，但是由于对"分析"的意识较为薄弱，所以经常会忘记"CA"，成为"PD"→"PD"→"PD"的可能性极高。

那么，如果举行会议的重点是"分析"，又会发生怎样的变化呢？

Primo Japan 为了推销新娘珠宝首饰，把星期六、星期日设置为一周的销售比赛日。因此，指示店长在星期日商店打烊后，要将各个商店的销售额及过程 KPI 等的实际业绩上报给总公司，我们管理层要立刻汇总这些数据，制作出可以在会议上与所有店长共享的用 A3 纸打印的报告资料。

而且将原本的休息日——星期一改为上班日，在星期一的上午请店长找一个安静的角落，独自回顾销售的实际业绩、目标的进展情况，招揽顾客的数量、成交率、单价和过程 KPI 等重要指标的情况，以及实施的措施等，并请店长制作并提交下周计划采取的对策等报告书。

下午，以这些报告书为基础，店长与区域经理召开电话会议，然后区域经理汇总店长的报告书，为第二天（星期二）早晨举行的总部会议制作销售报告书。

在星期二早晨举行的总部会议上，大家要确认销售报告书的数据，同时要讨论实施销售措施后的成果，制订出本周的行动方案。

为了把重点放在"分析"阶段，特意决定在销售比

# 第5章
## 以4倍速增长，该如何分析和检查

赛日之后，立刻汇总数据，星期一制作报告书，星期二召开总部会议。

● **报告书是会议的基础**

支撑以"分析"为重点的团队会议的基础是报告书。如果不能提升报告书的质量，也就无法提高会议的质量。

常见的是依照惯例制作报告书。如果问"为什么要制作报告书呢？"，许多人会回答"因为以前就一直在做……"。他们从不考虑制作报告书的意义，仅仅是依照惯例。

团队领导者要思考每个项目和数据的意义，而且必须快速更新报告书。

那么，应该在报告书中增加或者删除哪些项目与数据呢？此时，重要的判断标准是目标。

如果目标发生了变化，那么为实现目标而定的KPI及过程KPI都会随着发生变化，而报告书的项目与数据也必须更新。

此外，即使目标并没有改变，如果某个过程KPI的数据达成了目标值，那么接下来就应该提高该数据，或者变更为其他更重要的数据。

选择什么过程 KPI 呢？报告书中持续记载什么项目和数据，这是团队领导者应该一直考虑的事情。

- **分析数据，可以看出下一步的方向**

不要忘记在每周确认的数据中加上认真分析的结果。如果只是单纯地因数据升高而高兴，因数据下降而忧虑，就看不见团队的成长。一定要分析数据变化的原因等。

而且分析也不总是一成不变，经常进行新的分析，就会有新的发现。

例如，只分析了为什么成交的团队，如果去分析为什么会失去订单，也许会明白通过灵活设置价格范围，可以提高成交率。

相反，在成交量大、单价低的情况下，要下决心提高单价，这样即使成交率下降了，销售额也有提升的可能性。

不仅要持续关注和分析数据的变化，而且要在下次的行动中有效地利用分析的结果，这比什么都重要。是否存在与下一步的新措施和行动相关联的提示呢？要以积极的态度去分析数据。

# 第5章
## 以4倍速增长,该如何分析和检查

当比较销售额为100万日元以上的商品与不到100万日元的商品时,你可以从数据分析中明白一个事实——80%的利润都是出售100万日元以上的商品产生的。据此,你可以做出决断,全面停止生产销售额不到100万日元的商品,将资源投入到开发销售额为150万日元或200万日元的商品上。

这是公司层面上的实例。即使在团队中,为了考虑这个月、这个星期把力量集中投放到哪种商品上,也可以根据分析这方面数据的结果采取措施。

因此,团队领导者必须有能力提出"如果改成这样,不是出现这样的结果吗"这种假说。根据假说制定措施,与成员们一起执行后,再观察结果的数据并分析和改善,就能制定出新的措施,以此持续执行PDCA。

当然,看到结果数据,如果发现有效率低下的措施,则立即停止。这也是团队领导者的工作。关于停止的方法,我会在下面"业务的断舍离"中解说。

● 通过系统化地工作来提高效率

在Primo Japan,规定每星期的星期一为店长和区域经理的报告书制作日,星期二早晨召开总部会议。

这种做法持续了 5 年，我们大体上确定了在每个阶段 Primo Japan 经营中最关键的数据是什么，而且投资了 3 亿日元，进行了系统化。

之前需要店长手写或传真之类的模拟报告，现在利用电脑和互联网就能全部做到了。当然，汇总数据及制作报告书也自动化了。

通过系统化，工作效率急剧提升。

一些公司无法实现系统化，是因为在模拟阶段没有弄清楚在经营中哪个指标比较重要，没有标注其优先顺序，到了系统化的时候，重要的事情在中途移位，结果造成了系统投资失败。

首先，利用模拟彻底地执行 PDCA 非常重要，只有在明确了每项指标的重要性后，才能够有效地进行系统化。如果做不到系统化，则无法迅速提高工作效率，业绩无法提升。

团队领导者在持续执行 PDCA 并明确了指标和机制后，对于系统化问题，也应该向公司提出自己的建议。

正如我在明日之团公司的口号示例中介绍"机制化 1.0"时阐述的那样，如果建立起稳固的机制，下一阶段应该进行的就是实现自动化，进行系统化处理。据此，就能急速提升团队和公司的工作效率。

不要因为在系统化和自动化上耗费的资金太多,自己无法承担就放弃,首先要通过模拟持续执行PDCA,提升公司的业绩。

在公司里,如果你的团队取得的业绩最高,高层领导者也必定会考虑将该指标和机制拓展到其他团队中。

团队领导者应该以成为公司的典范为目标。

● 每周的报告书中应该写什么内容呢?

下面,我介绍一下明日之团公司每周的会议。

首先,在每周的星期二举行公司高层决策的"管理会议";作为其补充的"部长会议"并非每周召开,而是隔一周于星期六召开。管理会议每周开3个小时,因为部长会议是隔一周召开,所以为6个小时。

公司通过每周召开管理会议,提高了决策的速度。由于只有短短的3个小时,可以讨论并做出决定的议题数有限。因此,无法在管理会议上讨论的议题,会在部长会议上讨论并做出决定。

这两个会议自创业以来一直在召开,从未中断过。公司通过召开这两个会议,将决策速度维持在4倍的速度,而且每次会议都要做出决策。

也许有些人很反感在星期六召开长达6个小时的会议。然而，公司会酌情考虑每个人的家庭情况，大家通过电视会议系统参加也可以。此外，因病无法出席会议时，也可以通过会议记录赶上进度。基本上是规定全体参会成员必须出席会议。但是，参会成员各有各的情况也在情理之中，所以要随机应变。

在部长会议上，每位部长都要制作"每周报告书"并做汇报。

如果是负责销售的部长，不仅要汇报销售额和预估的销售额等，甚至还要汇报通过不同渠道与总经理取得预约的数量。因为"通过不同渠道与总经理取得预约的数量"是与销售额直接相关的指标。

团队领导者希望成员汇报哪些指标呢？请仔细阅读过程KPI和行动目标等，充分思考后再决定。

此外，在报告书中，不仅要写明定量化的数字，还要将定性化的"课题"和"行动"用语言描述出来，这非常重要。

而且每周的团队会议最重要的目的是使PDCA的"C"发挥作用，回顾一周进行的工作，写好总结并做报告。

而且要明确地记录致力的新课题、改进反省之处的方法，使下一个 PDCA 更上一个台阶。

有了这样的报告书，全体成员可以分享每个成员具体的情况和信息。虽然召开会议本身很重要，但是我们也要非常重视报告书的内容。

## 表3 "每周报告书"示例

销售报告书 　　　　　　　　　　　　　　　　　　　每周报告 _____ 部长
第1季度销售报告书　第6销售部　报告人：山本拓马　　2019年1月24日

| | 実施拠点 | 実施日 | セミナー名 | 集客状況 | コメント |
|---|---|---|---|---|---|
| セミナー実施状況 | 宇都宮 | 5/15 | ■■セミナー | 5社 | ■■疑念の提案が多く、あまりアポイントに繋がっていない。 |
| | 東京 | 5/16 | ■■銀行様セミナー | 4社 | 1件社長アポイント調整中、1件副社長アポイント獲得。 |
| | 東京 | 5/17 | 新規セミナー/認定セミナー | 22社 | 2件代表アポイント獲得 |
| | 東京 | 5/17 | ■■コラボセミナー | 30社 | 3件代表アポイント獲得。 |
| | 東京 | 5/18 | ■■様セミナー | 35社 | 5件代表アポイント獲得 |

週次②チャネル別社員アポ件数

| | | 5月 | | | | 累計 | | | |
|---|---|---|---|---|---|---|---|---|---|
| | | 1W | 2W | 3W | 4W | 4月 | 5月 | 6月 | 四半期 |
| アライアンス | 紹介只権 | | 6 | 7 | 7 | 10 | 20 | 20 | 50 |
| | (リード獲得) | | 1 | 1 | 1 | 1 | 0 | | 1 |
| | 社長アポ | | | | | 0 | | | 0 |
| 人事クラブ | (リード獲得) | | 2 | 2 | 0 | 0 | 2 | | 2 |
| | (受注金額) | | | | | 0 | | | 0 |
| 既存顧客 | (リード獲得) | | 0 | 0 | 0 | 1 | 0 | | 1 |
| 集客パートナー | (リード獲得) | | 2 | 2 | 1 | 5 | 0 | | 5 |
| 有料顧問 | (リード獲得) | | 0 | 1 | 0 | 0 | 0 | | 0 |
| インバウンド | (リード獲得) | | 4 | 3 | 3 | 14 | 8 | | 22 |
| 認定パートナー | (リード獲得) | | 0 | 0 | 0 | 6 | 8 | | 14 |
| | | | 9 | 7 | 5 | | | | |

| | 単位 | |
|---|---|---|
| 課題 | | ①書面記載、契約書の変更依頼が増えている<br>②人事クラブの訴求がうまく出来ていない<br>③あした式の受注獲得が出来ていない（既存）<br>現状、4件の獲得に留まっている。6月開催に向けて提案先を設定して今週提案する。 |
| アクション | | ①契約書だけではなく、正しい役務提供のスケジュールを提出する<br>事前にスケジュールの準備状況、クロージング時の提案方法について、事前に確認する時間を設ける。話し方やお願いの仕方などを事前に確認した上でクロージングへ臨ませる。<br>②人事クラブの説明をする提案書を活用した勉強会を行う<br>提案書の中に人事クラブを落とし込み、31日勉強会のサブテーマにする。<br>③あした式受注のためのアクションプランを拠点会議にて決める<br>営業報告書の活用、週2回（月木）のチェックを行う。 |

## 业务的断舍离：只保留有效的措施

● 决定不执行的"断舍离会议"

在 PDCA 中，要按照方案推出多种计划和措施，连续不断地执行下去，而且要检查、评估其结果。在检查时，要标上优先顺序，优先顺序排名低的，团队领导者可以决定不再执行，这一点非常重要。

因为如果不这样做，员工会被淹没在"D"的海洋中。

决定不做某事，是由应该做的事情的优先顺序决定的。要想确定优先顺序，除了真实地面对自己团队的能力，别无他法。

例如，为了采用新的销售方法，想出可以采取的 30 种措施。但是，考虑到自己团队的资源有限，只能实施 15 种。因此，先选择 15 种要实施的措施。评估其结果，留下有效的措施，舍弃无效的措施，代之以其他措施。

也就是说，为了集中实施某项真正有效的措施，就要决定不实施另一些措施。应当做的事情与不做的事情如同表里，合为一个整体。

反过来讲，如果不需要放弃一些工作，那是因为没

## 第5章
## 以4倍速增长，该如何分析和检查

有挑战新事物。只要挑战新事物，就必定会出现新任务。如果你之前要完成的任务有100项，而在挑战新事物时，任务又增加了20项，总计要完成120项任务。这样就超出了能力范围，最终会导致失败。

因此，要确定120项任务的优先顺序，确定好前100项应当完成的任务，剩余的20项任务则舍弃不做。

确定优先顺序和不做的事情的正是"断舍离会议"。

就我自己的经验来说，最佳的极限工作状态是满负荷工作但未感到忙乱，如果是完全无须担心工作会超负荷的状态，那就证明未去挑战新工作。如果是全部工作尽在掌握中，没有危险的状态，就无法提高业绩。对于团队来说，差点被淹没却没有被淹没是最佳的状态。

面对当今如此急剧变化的时代，你一定会感到现行的办法并不是最好最快的。为了应对不断的变化，应连续不断地尝试新的策略，我们自己也要随之变化。如果不变化，就只能腐朽落后。

在明日之团公司，每个季度都会召开"断舍离会议"。虽然现在把这个会议称作"5S项目"，但是做的是一样的工作。简单来说，就是决定哪些工作不再进行的团队会议，一般时间定为90分钟，参会成员人数则是10人左右。

**图12 业务的"断舍离会议"**

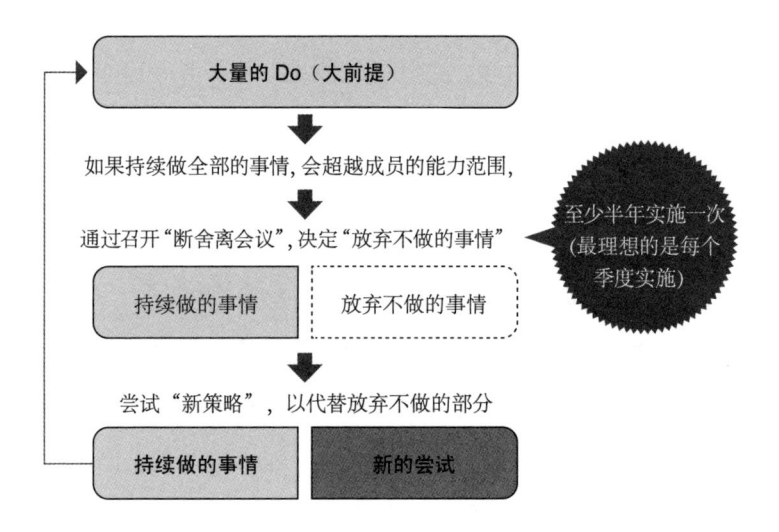

```
大量的 Do（大前提）
        ↓
如果持续做全部的事情，会超越成员的能力范围，
        ↓
通过召开"断舍离会议"，决定"放弃不做的事情"

  持续做的事情    放弃不做的事情
        ↓
尝试"新策略"，以代替放弃不做的部分

  持续做的事情      新的尝试
```

至少半年实施一次（最理想的是每个季度实施）

例如，为了达成招揽顾客的过程 KPI，想出了多种办法，并将其付诸实践。然而，并非全部办法都会发挥功效。其中经过实践没有达到预期效果或做不出实际业绩的措施，就会被淘汰。

如果持续实施这种毫无效果或效果极低的措施，也是在浪费时间。时间有限，如果不把时间集中在有效的措施上，则会导致要做的事情堆积成山，不能实施真正高效的措施。

为了避免这样的情况发生，要以一个季度为周期召

# 第 5 章
## 以 4 倍速增长，该如何分析和检查

开"断舍离会议"，业务的断舍离也要提升 4 倍的速度进行。

Primo Japan 在开展销售业务时，为增加与婚庆相关的企业客户制作了宣传手册。由于之后每次实施新措施时都要制作宣传手册，导致宣传手册堆积如山、数量惊人，于是产生了一项整理和管理宣传手册的工作。

然而，整理和管理宣传手册不会产生任何利润。此外，利用宣传手册招揽客户，客户的数量是否增加了，当初也没有统计过。

原本销售负责人认为有效的措施，退一步，从公司整体来看，可能会徒劳无益。在团队中，每个季度都要重新审视一次类似这种额外的无用的工作，团队领导者必须决定不再继续执行，成员则可以集中精力去做应当做、价值高、优先顺序排名靠前的工作。

● 如何确定业务的优先顺序

那么，该如何标记优先顺序呢？最直接的依据就是实际业绩。实施招揽客户等措施后都会得到实际业绩，可以从获得最高实际业绩的措施开始做标记。

在 Plan 阶段、起始阶段，所设想好的措施处于同等

水平，此时并不清楚其中究竟哪种有效果、哪种无效。在 Do 阶段，可以从实际业绩中反映出哪种措施有效。于是，进入 Check 阶段时，就能标出优先顺序。

标记优先顺序时需要注意的事项，我在前面已经阐述过了。不要过分拘泥于一种 KPI 或过程 KPI。即使某个过程 KPI 的数据有所上升，而其他过程 KPI 的数据有所下降，但只要该过程 KPI 对实现最根本的目标未做出应有的贡献，则必须做出降低其在优先顺序中排名的判断。切记不要"只见树木，不见森林"。

总之，无论实际业绩怎样提高，团队领导者都必须有勇气舍弃违背企业理念、愿景和使命的措施。

例如，一家以创立国际品牌为目标的企业，绝对不会做"一物多价"的事情，这已经达成了一种默契。所以，即使认为降价销售能提高销售额，团队领导者也应做出不可执行的判断。

虽然这是一个浅显易懂的实例，但是在难以明确界定的灰色地带，完全有可能出现违背企业理念、愿景和使命的过程 KPI 的情况。从眼前的实际业绩与未来成长的观点出发，究竟应该选择哪一个，也有可能被迷惑。在这种情况下，你可以思考一下，如果你是团队领导者，

## 第 5 章
以 4 倍速增长，该如何分析和检查

会做出什么判断。

在标记优先顺序、决定应当做的事情和不应当做的事情时，要求团队领导者站在更高的角度决策。

在明日之团公司，从两年前开始已经全面禁止使用电话推销。然而，在新开设的网点，却发现他们还在进行电话推销。

只有对方公司的总经理才有权决定是否引进我们的商品——人事考核制度系统。然而，通过电话可以预约到公司总经理的概率非常低。

所以，必须从电话推销等呼出式营销转变为利用研讨会、图书和网络进行宣传的呼入式营销。

不过，偶尔通过电话推销，也能预约到某家公司的总经理，让总经理决定采用我们的系统。因此，一线的销售人员就动起了脑筋，是不是也可以使用电话推销呢？特别是刚刚设立的网点，尚未建立起客户网络系统，生意也少。他们认为使用电话推销这个办法很好，不认为这是在做坏事。

然而，作为高层管理者的我看来，如果有时间进行电话推销，不如非常有礼貌地分别向当地的社会保险师及注册税务师的邮箱发送一封电子邮件，其内容类似"您好！我们是明日之团公司。本公司在××地刚刚成立了办事处。有什么可以帮到您的吗"。

这些具有"师"⑤级资格证书的人，与当地企业的总经理都有联系。通过与他们合作，就能接近各企业的总经理，易于开展呼入式销售，提高实际业绩。

像这样，一线人员认为好并在做的事情，对公司整体来说，很有可能优先顺序极低。

财务、会计等间接部门的成员，有时也会兼做管理工作，而且进行双重、三重检查等。他们希望制作的文件非常完美、准确无误。其实，一开始制作的文件并不必非得是满分，最初的文件有 97 分即可。如果是会计，只要在每个季度结算的时候得 100 分，每月结算有 97 分即可。

即使是要求制作的过程 KPI 的文件准确无误，那也是对最终文件的要求，并不是在一开始就要求没有一点儿错误。然而，会计等间接部门却只拘泥于此，仅仅为了从 97 分做到 100 分，为了提高 3 分，就增加了双重、三重检查工作，并为此增派人手，这种情况在实际工作

---

⑤ 译者注：这里指会计师、经济师之类的。

### 第 5 章
以 4 倍速增长，该如何分析和检查

中屡见不鲜。

工作人员认为做这些工作是理所应当，而且还要采取新的措施去完成。但是，依我看来，这些优先顺序排名靠后的工作，需要领导者决定不再继续做。

至少半年召开一次断舍离会议，最理想的是每季度召开一次。为什么呢？因为如同脂肪一旦长在身体上，就不容易减下去一样，如果工作持续做半年以上，则不容易停下来。

- **确认是否已经认真执行**

当团队领导者决定不再继续执行时，还需要注意一点，那就是明明是在"D"阶段执行不彻底，却因为在"C"阶段未检测到业绩，从而错误地判断不再继续执行。

在开始采取新措施时，成员们会觉得很麻烦，增加了很多工作量却抽不出足够的时间去完成，在执行中有可能会敷衍塞责。

如果像这样执行得极不彻底，自然也不会做出成果。因为没有成果，优先顺序排名靠后，在断舍离会议上有可能会决定舍弃该措施。这也是一个问题。

为什么这么说？因为明明是执行不到位导致未做出

业绩，不能以此断定该措施不能继续执行。

有时候，由于员工不愿意执行某项措施，执行时只是敷衍搪塞，最后汇报说"已经执行了，但是没出成果"。于是，导致错误地决定不再继续执行，这个措施因为员工不愿意执行就半途而废了。

团队领导者必须注意的是，不能依据这种不健全的方法错误地决定某项措施不再继续执行。

为此，要确认员工是否已经认真地执行了在"P"阶段决定的措施，也要把握执行的过程，这非常重要。在确认已经认真执行过后，才可以实施"C"并标记优先顺序。

● **大量的"PD"会提高"C"的质量**

在以提升4倍的速度行动的团队中，在PDCA的"P"阶段，会推出大量的措施。在会议上不必反复讨论这些措施，否则纯属浪费时间。如果推出了100项措施，则以全部实施为目标。

即使你认为"实施了一些措施也未必会出成果"，也要认真地实施，直到真正得出"做不出成果"的结论为止，这非常重要。不是在实施之前擅自判断措施好坏，而是在认真实施后再判断。

## 第 5 章
以 4 倍速增长，该如何分析和检查

在不断推出并实施了这些措施后，再评估措施的好坏。与其执行经思考获得的 10 项措施后，再从中选取 3 项继续执行，不如执行 30 项措施中 25 项后，再从中选取 3 项继续执行，这样更能提升业绩。

此外，考虑到推出了大量的新措施（相当于加入了大量的水分），即使到了超负荷工作的程度也要实施，最后只选取优先顺序排名靠前的措施持续实施，其余的都要舍弃，抽除水分。通过这样反复操作，团队的"浓度"就会提高了。

如果团队不能持续地提高"浓度"，则无法在竞争中获胜。

如果说公司执行的 PDCA 处于战略级别，那么团队执行的 PDCA 处于战术级别。保证该战术成功实施是团队领导者的工作，也只有团队领导者才能做到。

**专题** 如何推翻管理者已决定的事情？

也许你会有疑问，总经理决定要做的事情或者部门主管、部长决定要做的事情"会不会错了呢？"

在这种情况下，要先于其他人实施，证明是错误的即可。

在优秀的组织中，对高层管理者说不的人也有，但是如果什么都不做就说不，高层领导者也不会认可。如果有人认为其中的措施存在错误，但不在实践中证明给领导者看，即使他提出："执行之后已经导致了这样的结果，能不能考虑停止执行呢？"高层领导者也可能不会认可，最终决定舍弃。

即使是总经理也有犯错的时候。能够尽早修正的组织是强大的组织。为此，团队领导者能做的就是提前实施，做出结果，而且立刻将结果汇报给上司。

以提升4倍的速度执行PDCA的组织，其强大之处正体现在这一点上。

第 6 章

# 以 4 倍速增长，
# 该如何具体行动

● 最基本的是"一个周期提升一个档次"

如果用日语表达PDCA中的"A"（Action，行动），意思相当于是"改善"。

如果我用自己的语言来表达,执行PDCA的中"改善"意思是"把颗粒磨碎、磨细"。为什么这么说呢？下面我进行说明。

第一次循环PDCA，做的是最基本的工作。因为一开始无法做好难度大的工作。不过，这样就无法获得100分，也无法在竞争中获胜。因此，要在其中加入一些新方法或新理念。

在第二次循环中，在继续完成基本工作的同时，应尝试新方法与新理念，而且要在此基础上加入更多的新方法与新理念。于是，进入了第三次循环PDCA中。

这样，执行PDCA的次数越多，就会接连不断地加

## 第 6 章
### 以 4 倍速增长，该如何具体行动

入新方法与新理念，工作方法或销售方法等也会不断地高效率地向精细化发展。这给人的印象仿佛是在研磨大颗粒，使其变得越来越精细。

因此，"改善"可以"使颗粒变得更加精细"，提升包括功能在内的精度，把"一般的工作水平"升级换代，起初难以做到的事情也能够轻易地完成了。

PDCA 的"改善"阶段中，最重要的是要切实把水平提高一个台阶。但并非是一口气攀登两三级台阶，而是要以踏踏实实、一级一级地往上升为目标。

但是，这个速度是 4 倍的速度。即使循环一次 PDCA，如果循环的速度是 4 倍，在外部人看来，就是一口气上升了 4 级台阶。

我希望团队领导者在执行 PDCA 时，一定要强烈地意识到每一次的循环都要提高一个等级。

## 一举两得地构思：可带来创造性贡献的技巧

● 实现"一举两得地销售"

最理想的状态是每循环一次 PDCA，团队就提升一个等级，因此新方法与新理念不可或缺。向与其他公司不同的新事物发起挑战，不断地动脑筋进行创新，以图对公司有所贡献。

在 Primo Japan，我刚开始实行的一个创新的小方法是"一举两得地销售法"。在实施这个举措之前，只有在店中"等待客户上门"这一种推销办法。因此，我开始考虑在与星期六、星期日相比客户较少的工作日，怎样才能更有效地利用销售资源。于是，我想到了一个办法——向附近的婚庆公司推销。

由于是店面销售与向法人推销两者同时并举，因此它被称为"一举两得的销售法"。

珠宝首饰店的销售人员要面向企业法人推销。尽管这个想法有些奇怪，但是与其待在店里等顾客上门，还不如主动去招揽顾客，即使量少，也可以为提高销售额

## 第 6 章
### 以 4 倍速增长，该如何具体行动

做一些贡献。作为团队领导者，这样想不也很正常吗？

于是，开始突发奇想，如果在店内放一本附近婚庆公司的宣传手册，也许会招揽到顾客。以这种设想为基础，开始准备名为"请放一本宣传手册"的面向法人的推销。然而，一开始，从一线人员那里反馈过来了大量反对的声音。

这种一举两得的销售法，是我在 2004 年开始担任副总经理兼主管部长时采取的新措施。为了平息反对的声音，在由营业部 80 人、店长 60 多人、区域经理及销售主管参加的店长会议上，我做了如下发言：

"大家正在卖的是婚戒这样的华丽商品，如果我说明天开始卖章鱼小丸子，那么大家就必须卖章鱼小丸子。只有辞职与卖章鱼小丸子两种选择。这就叫公司，它是一个组织。请放弃你们基于自己的主观看法或过去的经验判断而产生的愿意干这种工作、不愿做那种工作的想法。"

非常遗憾，当时的 Primo Japan 并不是只要给予一击就有反应，大部分销售人员是在其他公司积累了经验，然

后被我们公司录用，真正从一开始就在本公司成长起来的人很少。因此，需要采取休克疗法，即采取过激手段。为了让这些人开展面向法人的推销，需要向他们传达什么信息呢？我再三考虑后，在会上做了卖章鱼小丸子的发言。

当然，我并不是真打算让他们去卖章鱼小丸子，只不过是为了让他们开展面向法人的推销而采取的一种夸张的说法。

开展面向法人的推销时，各个商店均制定了数据目标，而且制定了达成数据目标过程中实行的激励制度。同时也考虑将销售人员的工作价值与公司的业绩联系起来。

此外，仅仅是请婚庆公司在我们店里放一本宣传手册，会因为不能给对方带来一丁点儿利益而惨遭拒绝。于是，不再请婚庆公司给我们宣传手册，而是把来到 Primo Japan 买婚戒的一对情侣送到婚庆公司举行仪式的会场参观等。如此一来，双方结成了双赢的关系。

这种一举两得的销售，最终获得了巨大的成功。其主要原因是什么？那就是给那些只从事商店销售工作的销售人员增加了一项新责任——"招揽客人"。

通过将揽客责任授予一线的工作人员，他们就能从消极的"等待"状态转变为积极的"进攻"状态。由于

## 第 6 章
### 以 4 倍速增长，该如何具体行动

提高了揽客的能力，商店销售团队的工作效率也提升了。

招揽客人的工作往往会随着总公司的销售计划、规划宣传等揽客活动进行。无一例外，一旦离开活动现场，都会无疾而终，收效甚微。

但是，我依然认为要在现场招揽客人，"一线工作人员具有揽客的责任"。对于销售人员来说，招揽客人比什么都重要。

● 不能认为"这不是我的工作"

"一举两得"的销售法除了运用于销售部和营业部，当然也可用于其他部门。例如，销售人员在销售之前先进行招揽客人的工序，以提高工作效率。请你也想一想，在自己的团队中是否有可以提前做准备的工作呢？根据不同的工作内容，将后续的工作作为自己团队正式的工作，也可以在工作中实现一举两得。

舍弃"这不是我的工作"这种固有观念非常重要。要思考"做什么可以为提高公司的业绩贡献力量""做什么可以提高自己团队的价值"，这也极其重要。

从这个观点出发，可以说，总务、人事及会计等间接部门与营业、销售及制造等直接部门之间其实是表里

一体的关系。

　　间接部门的同行、与间接部门有交集的对方单位，一般都属于直接部门。相反，即便自己是在直接部门中从事销售工作，但销售的商品与服务的客户大多属于间接部门，包括采购部在内。

　　如果不担心被误解，可以简单地说，间接部门多为买方，直接部门多为卖方。从买卖关系上看，可以说是表里一体。

　　如果采用一举两得的销售法，在间接部门的买方立场的基础上再加上销售，就是"一举两得"。间接部门也可以向来到本部门洽谈业务的销售负责人推销自己公司的商品与服务。

　　即使是间接部门，也要有推销意识，思考自己能否协助销售某种商品。从公司整体来看，这样做不仅丝毫没有坏处，反而会让公司的业绩增长。

　　像这样，间接部门在从事销售，而直接部门在购买客户的商品及服务。这种交叉的情况也极其普遍。

　　与明日之团公司有业务来往的一家食品批发公司的人力资源总监每年都要亲自给我打两次电话。一次是为该公司一年一度举办的展览会招揽客户。另一次是在12

# 第6章
## 以4倍速增长，该如何具体行动

月请我向他购买年节菜。

虽然为展览会招揽客户与销售年节菜均不是人事工作，但是对公司也是一种贡献。像这样一举两得的事，可以很自然地去做。

**Primo Japan** 的间接部门中也有各种不同行业负责销售的人员进出。遇到这种情况，我们的工作人员会问他们："您家附近有计划结婚的人吗？"

如果你是间接部门的领导者，像这样为公司做贡献，一举两得的想法不是很好吗？

大家都发挥互让互助的精神，销售部购买客户的商品与服务，也可以为公司做贡献。

例如，在明日之团公司的客户中，有一家销售手机的公司。在手机商店里，除了在商店面向个人销售之外，还有一支销售队伍在面向法人集中销售手机。

明日之团公司会为每位员工提供一部手机，只要新增加员工，就会购买新手机。此时，如果在客户的手机店购买手机，也可以为客户提高销售额做贡献。

此外，在这样的情况下，客户也很可能会给我们特殊优惠。这样就降低了购买手机的成本，也是对公司的一种贡献。

购买客户的商品和服务既可以维护现有的顾客，也有助于加深彼此建立起来的关系，对销售起到积极的作用。

- 下足工夫就很有可能做到"一举三得"

我给大家介绍一下明日之团公司的例子。在日本，明日之团公司有近 300 家合作企业的认证代理店，它们都在为明日之团公司推销人事评估制度，事实上推行认证代理店制度就是"一举三得"的做法。

首先，合作企业为了成为认证代理店，要参加我们公司的讲座，从而学到关于明日之团公司商品和服务的正确知识。其次，为了提高合作伙伴企业自身的业绩并培养员工，会请他们引入明日之团公司的人事评估制度。

再次，曾经是顾客的合作企业，现在作为认证代理店，销售明日之团公司的人事评估制度。

成为认证代理店之前先听讲座，能获得第一份销售额。引入人事评估制度，能获得第二份销售额。成为认证代理店后销售我们的商品，能获得第三份销售额。销售一次却获得了三份好处，这就是所谓的一举三得。

我认为，明日之团公司在最近这几年能够快速增长，主要原因之一是推行了合作伙伴战略和成功地推行了代

## 第 6 章
## 以 4 倍速增长，该如何具体行动

理店制度。

刚开始是通过电话预约中小企业的总经理推销人事评估制度，之后是让他们代理电话预约销售，接着又开始在互联网上投放付费广告，也曾经历过因增加或减少一个客户而忽喜忽忧的时期。

即使推行了认证代理店制度，我们也要奔走于日本各地的地方银行、信用合作社、社会保险师事务所和注册税务师事务所等地，像"我们正在销售这种商品，能让我为您介绍一下吗？"这样反复推销。

近年来，认证代理店制度的说明讲习会已经在日本各地举行了 2000 次以上。而认证代理店也已经超过了300 家。

● **通过"推荐录用"，为公司做贡献**

无论是什么行业、什么职业类型的团队领导者，均可以做到"推荐录用"，可以为公司做贡献。推荐录用是指员工把自己的熟人或朋友介绍给人事部门，并以此为基础录用的方法。

伴随着劳动人口的减少，日本的多数企业存在劳动力短缺、人才短缺的问题。在零售行业、餐饮行业、建筑行业、医疗行业及护理行业等，均为录用人才而苦恼。

有一家餐饮连锁店的经营者打出了支付100万日元薪酬的人才招募广告，却无一人应征，不禁心生感慨。

如果你的工作单位录用不到心仪的人才，也可以请员工协助，把向人事部门介绍优秀人才的活动作为工作中的一个环节。你认为怎样呢？

人事部门的工作是花时间和金钱录用优秀人才。如果不做这样的工作，而是完全通过推荐录用人才，也许可以降低录用成本，减少离职率，录用到对公司忠诚度高且具有可即刻应对挑战的人。

在这个录用人才困难的时代，采用推荐录用非常重要。

● 团队领导者也可以做宣传工作

团队领导者与成员都要具有销售意识，即使是间接部门也可以做销售工作。例如，协助原本由人事部承担的录用工作，向人事部推荐人才。以新型的理念，在工作中用两条腿走路，就可以提高对公司的贡献度。

像其他部门可以协助销售部和人事部工作一样，也可以协助承担广告宣传工作。

# 第6章
## 以4倍速增长,该如何具体行动

在明日之团公司,除了销售部召集顾客参加研讨会,人事部的领导者也会与其他公司人事部的领导者举办合作研讨会。

前几天,与梅尔卡里(Mercari)和网络代理商一起举办了合作研讨会。来参加研讨会的主要是负责人事工作的人员。

明日之团公司的商品是人事评估制度,召集与人事工作相关的人员参加研讨会就演变为销售活动,这本身就是招揽客户的活动。

那么,不从事人事系统服务业务的梅尔卡里和网络代理商,为什么会协助我们举办这样的合作研讨会呢?

究其根本原因,这种研讨会对其主业有好处。梅尔卡里的主业是经营互联网市场。在这里,任何人都可以自由地从事买卖,其最直接的宣传活动是通过电视广告宣传。

另一方面,梅尔卡里公司人事部的领导者出席关于人力资源的研讨会,做了"事实上梅尔卡里公司增长迅速的秘诀正在于此"的发言。这一举措可以树立梅尔卡里的良好形象,而且可以打造自己的品牌。这也成为间接的宣传活动。树立公司的形象和打造公司的品牌,增强人们对其的信任，最终赢得个人用户。

书店里关于丰田汽车公司的书琳琅满目，这也是一种树立形象和打造品牌的间接活动。丰田汽车公司的伟大之处在于不仅自己做宣传，连观察家、顾问和学者等身边的人都在为它服务，其他人也在为该公司开展宣传活动。

在明日之团公司，不仅仅是人事部和销售部会为促销举行研讨会，云服务部和工程部也会主办研讨会。

以前，本公司的成功实例及新开发出的方法，大多数会封闭隐藏起来。但是，互联网时代最基本的特点是开放。为了促进公司不断地成长，只要是业务可以与其他公司合作，就会去做。

在这一点上，团队领导者非常专业地从事各自的工作，钻研自己团队的工作方法，完成之后，召开研讨会并发布新动态，与其他公司共享信息，这也会成为树立公司形象、打造品牌、具有广泛意义的宣传活动。

为了使团队在PDCA的"A"阶段提高一个等级，团队领导者及每位成员都要出主意想办法，即使是一个很小的创意也非常重要，偶尔还会出现新颖的想法。因此，每个人都要舍弃"这不是我的工作"这种固有观念。这一点非常重要。

如果想出的办法和创意在下一次的 PDCA 中被评估为有效，就要向更深层次挺进，不断地精益求精。如果无论多么努力都毫无效果，就要果断地放弃该措施，再尝试其他办法和创意。

只要以 4 倍的速度反复使用 PDCA 进行试验，必定能够找到在竞争中获得胜利的方法，而且能在实践中获得巨大的成果。

## 技术诀窍共享：加快增长速度的方法

● 开设"讲习班"传授自己的做法

为了把团队提升一个档次，培养成员绝对不可或缺。不过，一提到培养人才，或许有很多人认为这应当是人事部和公司承担的工作，团队领导者能够做的充其量是日常的职业培训或在职培训而已。

然而，将人才培养全部交给公司，其结果是导致许多优秀人才辞职。为什么会这样呢？因为优秀人才会认为"就这样待在这家公司，自己得不到多大的发展"。当个人的成长速度超过公司的发展速度时，优秀人才在失望之余，会辞掉该公司的工作。

因此，如果希望留住优秀的人才，就必须提高公司的发展速度和团队的成长速度，如果以提升4倍的速度循环，员工也能够以提升4倍的速度成长，就不必担心他们会辞职。

此外，即使公司没有使人才成长的培训计划，团队领导者对成员的成长也负有责任，能做的事情也非常多。"因为公司不提供培训机会，所以有的员工辞职了"，只是发一些这样的牢骚，根本不能改善现状。

那么，团队领导者可以做些什么事情呢？

例如，Recruit公司有一个传统，就是由团队领导者开设一家被称为"私学馆"的个人讲习班。讲习班于晚上8～10点开课，由团队领导者讲述自己的工作方法，传授知识和经验。因为开设讲习班纯属团队领导者的个人意愿，所以参与的成员也是随意的，没有什么强制力，也不会在人事评估中为开设讲习班或去上讲习班的人加分。

但是，参加讲习班是已经取得了实际业绩、可以自由支配这段时间且向着更高目标努力的人才能够享有的待遇。

私学馆是在Recruit公司漫长的发展历史中产生的，

# 第 6 章
## 以 4 倍速增长，该如何具体行动

现在依然在运作。互相传授工作经验已经成为公司的文化。

像私学馆或讲习班这样由团队领导者自主控制并传授自己工作经验的场所，除了 Recruit 公司，其他公司也有开设至今的。而且这样的讲习班是以公司为中心开办的，于是称之为"公司的内部大学"。

如果团队领导者无法教那些想让成员学习的内容，就从公司内寻找能够教的人，举办一次学习会。如果公司内部没有合适的人，就从公司外部邀请。

● 把诀窍作为"测试题"继承下去

为了成员的成长，团队领导者要把工作交给成员去做，这非常重要。

在第一章中，我曾经阐述过，成员兼任管理者的团队领导者为了增加从事管理工作的时间，将自己作为团队成员做的工作交给其他成员去做，是非常重要的。这一点在培养成员方面也极其重要。

团队领导者把工作交给成员去做，自己则可以挑战管理这项新业务，成员也可以挑战之前一直由团队领导者做的更高难度的工作。

可以说，团队领导者把自己的工作交给成员去做，是为了大家一起成长，也是为了团队的成长。

成员接受之前由团队领导者做的工作，无论是业务水平、技能水平，还是思考水平，都可以更接近团队领导者的水平。

我认为公司有生命力，而团队也有生命力。在团队中，为了实现团队领导者与成员相互成长，团队领导者要不断地将自己的工作委托给成员去做，这一点非常重要。

把工作委托给员工时的具体机制之一是把技术诀窍作为一项"测试"。

在明日之团公司，为了积累工作中的技术诀窍，会将这些技术诀窍转化为几千道测试题。通过接受这项测试，无论是谁都能够掌握所有业务的技术诀窍。通过将技术诀窍试题化，实现了培训的无差别化。

此外，汇总学习会上经常出现的 FAQ（frequently asked questions，常见问题解答），这些题目已经积累了几千道，还把它们变成测试员工新技术诀窍的题目。

而且以提高员工的市场价值与参与度为目的，建立了"顾问""高级顾问""接待员""高级接待员"认证制度。关于参与度，我会在第 7 章中详细阐述。

能否按照公司的质量要求完成工作，需要通过笔试、实际操作测试和演示三项标准来判断，只要通过了这些标准，就能认证。即使这种认证制度曾经认定过一次，以后也要不断地更新认证。因此，员工必须持续不断地坚持学习。

演示讲解的视频也已经存储了几千个小时的量，员工们通过观看这些视频，就能提高演示讲解的水平。

● 通过"课题图书"，分享愿景

我也曾在五个价值观中阐述过，为了让公司全体员工深刻地理解五个价值观，规定每个人必须阅读公司指定的"关于参与度的图书"，写一篇读后感，由最高管理者我阅读后再答复。

关于参与度的图书于每月 1 日公布，15 日之前，公司全体员工需提交一篇 400 ～ 800 字的感想。16 ～ 30 日期间，我会在公司内部的 SNS（社交网站）上为每一位员工写下回复。

### 图13 对"关于参与度的图书"读后感的回复实例

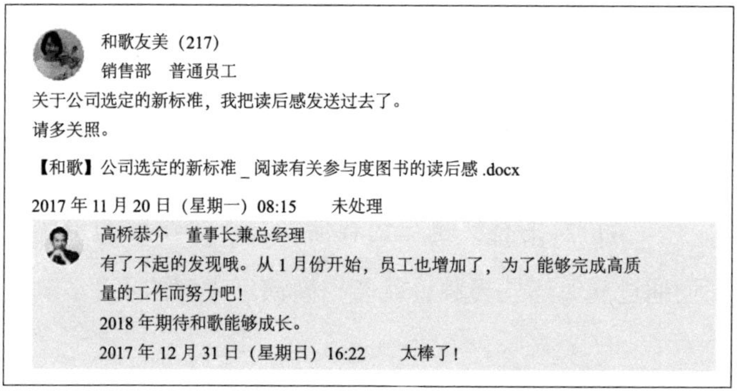

> 和歌友美（217）
> 销售部　普通员工
> 关于公司选定的新标准，我把读后感发送过去了。
> 请多关照。
> 【和歌】公司选定的新标准_阅读有关参与度图书的读后感.docx
> 2017年11月20日（星期一）08:15　　未处理
>> 高桥恭介　董事长兼总经理
>> 有了不起的发现哦。从1月份开始，员工也增加了，为了能够完成高质量的工作而努力吧！
>> 2018年期待和歌能够成长。
>> 2017年12月31日（星期日）16:22　　太棒了！

顺便提一句，我认为参与度有助于构建一种"个人与组织成为一体，为相互成长而共同贡献力量的关系"。参与度并非只是个人单方面提高对组织的忠诚度和归属感，还要与自己的成长方向联系起来。我认为构建一种能够相互为对方贡献的关系非常重要。

如果说将技术诀窍试题化是培养技能的方法，那么图书共享就是一种培养价值观的方法。

明日之团公司采用了技术诀窍试题化和图书共享这两种方法，团队领导者也可以采取同样的方法。盘点自己业务的技术诀窍并将其转化为语言表达出来，这样可以收集并公开每个人的技术诀窍，以实现共享。

# 第6章
以4倍速增长，该如何具体行动

如果有图书可以进一步加深对团队的五个价值观与口号的理解，要让全体成员一起阅读。也可以召开读书会分享感想和交谈意见。通过此举，不仅可以加深对五个价值观与口号的理解，还可以加深团队成员之间的相互了解。

● 半年举行一次"同期会"

下面我给大家介绍一下明日之团公司的同期会。明日之团公司连续5年实现了销售额与前一年同期相比高达200%的急速增长，公司规模急速拓展。然而，随之而来的是作为高层管理者的我感觉自己的想法与愿景越来越难渗透进员工的心中了。

虽然实施了一个季度一次的"愿景共享会"，但是从动机云（Motivation cloud）的调查来看，进入公司工作的时间越短，共享愿景的程度下降的趋势越明显，我感到只共享愿景还不够。

于是，我想到了同期会。同期会就是为在同一个时期进入公司的来自日本各地平时不见面的员工举办的两天一夜的聚会，每半年举办一次。通过在同期会上直接与员工沟通，我可以将自己的想法和愿景更深刻地传达给他们，也加深了公司员工的了解。

此外，一起工作的员工彼此之间也加深了了解。同期会成为提高相互信任的场所。

　　同期员工联欢会以我为首，其他几位主管也要出席。同期员工联欢会促进了员工与主管之间的相互理解，实现了共享愿景，让大家能够向着同一个方向迈进。

　　也就是说，同期会不仅可以将我的想法和愿景传达给员工，也成为提高参与度的场所。

　　为了加深与员工之间的相互理解，也为了进一步促使员工分享自己的想法，进而提高他们的参与度，团队领导者可每半年举行一次同期会，在远离工作岗位的场所，为大家创造聚会的机会。你认为怎么样呢？团队成员聚集在新的环境中，也许会有什么新的发现呢。

## 快速下放与接管：不只专注于任务

- "承担的勇气"与"强大的信心"

　　刚才我阐述过，为了使成员成长，团队领导者应该把工作交给成员去做。这是一个极其重要的问题，所以我想再稍微详细地阐述一下。

## 第 6 章
### 以 4 倍速增长，该如何具体行动

首先，团队领导者要做好精神上的准备，毕竟把自己的工作委托给成员去做需要勇气，而且必须坚定地相信成员的能力。

把工作委托给成员去做时，团队领导者的心头会掠过"真的可以做好吗""如果做不好该怎么办呢"之类的担忧。尽管如此，还是必须有勇气把工作委托给成员。

此外，虽然团队领导者一度把工作委托给成员去做，但觉得"还是自己做比较快"，于是又把工作收回来，或中途过度干涉。为了不出现这些情况，团队领导者必须始终信任成员。

团队领导者首次向成员委托自己的工作时，我认为委托的勇气与对成员的信任都非常重要。

- 以 4 倍的速度重复 "下放和接管"

5 年前我做的工作，现在由刚刚毕业进入公司的员工在做。

5 年前，我以总经理的身份一家公司接着一家公司地拜访并提出建议，与 200 家公司建立了客户关系。之后，我将这种开拓新客户的工作交给了创始员工，即现在的高级主管去做。

也就是说，将我作为团队领导者的工作委托、下放给其他员工去做。

把开拓新客户的工作交给员工后，我就开始了举办研讨会促进销售的工作。这种方式并非是一家公司接着一家公司地拜访和推销，而是邀请10家以上的公司参加研讨会，在研讨会上销售。

最初，通过研讨会销售只有我一个人可以做到。后来，我把技术诀窍传授给其他员工并委托他们去做。如今，几乎所有的员工都学会了这种推销方式。

一直以来，我均以4倍的速度把自己做的工作不断地委托给员工。可以说，如同流水素面似的，将工作连续不断地从上往下流。

把总经理做的工作下放给员工，自己则去挑战新的工作。一旦做好新工作后，再把它下放给员工。像这样将工作的"下放与接管"以4倍的速度反复推进。

目前大多数团队领导者都在同时推进成员经理、成员的工作与管理工作，这就陷入了工作量过多的窘境。为了改变这种状况，只有把自己作为成员的工作委托给成员去做。

而且除非将现在的工作委托给成员去做，否则想去

# 第6章
## 以4倍速增长，该如何具体行动

挑战新工作就不可能了。如果不下放，就不能接管，并非是接管与下放，而是下放与接管。

- **即使放手也不会降低团队的业绩**

如果团队只有一位员工，那么在团队领导者刚刚将工作全部下放给员工的时候，工作效率或许会下降，销售额也会随之下降。

当员工在10人以下时，因为人数太少，我无法将销售工作放手。员工自己还有大量的工作要做，如果再把总经理的工作交给他们，就会导致员工无法完成全部的工作。所以，整个公司的工作效率下降也是可想而知。

因此，我放手自己的工作是在员工增多并在某种程度上有了余暇时才开始的。

例如，团队领导者的工作中，假如50%是作为成员的工作，那么另外50%就是管理工作。成员有3个人，如果所有成员从事的都是极限工作量的80%，即使将团队领导者作为成员的50%的业务全部下放给员工做，员工也不会完不成。

团队领导者下放了50%的工作量后，可以致力于新的管理工作，发挥"撬杠"作用，也可能将团队的业绩提高 50% 以上。

团队领导者无权自己雇佣、增加成员，但是，如果提高了团队的能力，持续做出实际业绩，团队的人数就一定会增加。

这是企业管理的法则。取胜的团队可能会增加人手，扩大业务。持续取胜的团队必然会增加成员。

团队领导者把自己的工作下放给成员，自己则接管上司的工作。如果一直坚持下去，不久就能把上司的工作全部拿下。做到了这一点，也许会真正被提拔到该位置上。通过下放与接管，始终去接管高一级的工作，不久就可以从科长晋升为部长、事业部长，最后升为董事。

在这里希望注意一点，如果团队领导者仅仅是下放自己的工作，那么团队和自己均得不到成长。下放已有的工作，终究是为了去挑战新工作，为了做现在无法做到的事情。

与上一章中我所阐述的是断舍离会议是同样的道理，为了把重点置于在优先顺序中排名靠前的措施上，舍弃在优先顺序中排名靠后的措施，进行新陈代谢非常重要。

观察正在成长中的企业会发现，它们均是首先把工作量增加到极限，首先设法全部完成，再提高质量。如

# 第6章
## 以4倍速增长，该如何具体行动

果单纯是为了下放工作而减少工作量，却不致力于开拓新工作，也不会提高质量。团队领导者一定要将这一点铭记于心。

● 放手与甩手不管的区别

上面提到团队领导者可以把自己的工作不断地下放给成员，也许有人会误认为是将自己的工作不断地甩给员工即可。然而，放手与甩手不管完全不同。

图14 正确理解"下放与接管"

**○ 下放与接管**
→ 达到工作能力的极限为止，致力于各种各样的工作。然后，先将工作交给成员去做，这样腾出时间去挑战更高水平的工作。

**△ 接管与下放**
→ 之所以能在下放之前接管，是因为工作能力并未发挥到极限。也许领导者的工作会轻松一些，但是成长速度很慢。

**✕ 接管与接管**
→ 不断地接受工作，却全部半途而废。最坏的情况就是淹没在"工作的海洋"里，导致全部失败。

**✕ 下放与下放**
→ 将工作全部交给成员甩手不管。领导者没有存在的价值。

放手给成员做的一定是自己已经能做到的工作。如果把自己做不到的工作丢给成员去做，就叫甩手不管。把工作下放给员工，如果成员遇到困难，可以去帮助。而甩手给员工，即使成员遇到困难，也不会去帮助。

团队领导者为了获得更高难度的工作，把工作委托给成员，这叫放手。下放自己的工作，是为了接管更高难度的工作；如果不下放，就算接管到新工作，也会被海量的工作淹没，团队领导者的工作会失败。

但是，如果不是为了接管更高难度的工作，却将工作交给成员去做，就是甩手不管，团队领导者就会成为可有可无的摆设。

对于团队领导者来说，"下放与下放"是最差的，把工作全部丢给成员，自己则会毫无存在价值。

另一方面，如果是"接管与接管"，无论什么工作都一力承担，就无法彻底完成工作，所有工作都会半途而废，最终还是失败。现实社会中，也许有很多团队领导者都是这种情况。

团队领导者之所以能够做到"接管与下放"，是因为自己的工作能力并未发挥到极限。因此，可以先接管新工作。对于个人来说或许工作很轻松，但是成长会很缓慢。

由此可见,"下放与接管"才是正确的。团队领导者以4倍的速度下放与接管,自己、成员和团队均可以以4倍的速度成长。

第 7 章

# 提高成员的自主参与度

● 自主参与度是团队的引擎

到此为止，我阐述了本书的核心——提升 4 倍的速度执行 PDCA。PDCA 的每个环节是环环相扣的，团队领导者运行的 PDCA 循环一次的最短周期可能是一天，即一天打 3 次电话，是针对员工执行的 PDCA。

每周召开团队会议，则是以一周为周期执行 PDCA；也有把一个季度看作一年，以一个季度为一个周期执行 PDCA。有时候既有以一个月为周期执行 PDCA 的情况，也有以半年或一年为周期执行 PDCA 的情况。

总之，要求团队领导者在高速运行多个 PDCA 的同时，引领整个团队向前奋进。

在运行过程中，绝对需要员工的"参与度"。

近年来，参与度这个概念非常引人关注。大家应当都知道参与度这个词吧？我重新说明一下参与度的定义。

## 第 7 章
提高成员的自主参与度

（员工）参与度是指"每一位员工都能准确地理解企业提出的战略和目标，自发地发挥自身能力的贡献意愿"。

团队领导者想要引领团队前行时，如果成员不主动去做任何事，那么成员会成为重负。这种状况与团队领导者一人使劲的情况相同。因此，整个团队无法快速向前飞奔。

另一方面，如果每一位成员均备有车轮和引擎，会是什么情况呢？团队领导者无需仅仅靠自身这个引擎去牵引，团队也会高速飞驰。也就是说，为了提升 4 倍的速度同时持续运行多个 PDCA，仅有团队领导者这个引擎还不够，每一位成员必须自觉地点燃贡献自己能力的引擎。

顺便提一句，员工的参与度与员工的满意度看起来相似，却不完全一样。员工的满意度表示的是工作心情舒畅度这个指标，包含福利保健、劳动环境、待遇及人际关系等，其实它跟能否提高业绩无关。

而员工的参与度可以提高业绩。调查结果显示，参与度低的企业与保持高参与度的企业相比，后者一年后营业利润率的增长大约是前者的 3 倍。此外，可以看出，参与度高的企业，员工离职的可能性也比较低。

● **人事评估要以一个季度为周期循环**

那么，为了提高和保持成员的参与度，团队领导者应做些什么呢？

提高参与度的方法多种多样。在本章中，推荐的方法是适合所有的团队领导者，可以有效利用的"人事评估"。

这里所说的人事评估是指从目标设置、评估到反馈的人事评估的一系列流程。

这种评估通常不是以一年或半年，而是以一个季度为周期运行。具体的步骤是，首先在第一个月进行"目标设置面谈"，第二个月进行"中期面谈"。因为如果人事评估是以一个季度循环而不是一年，那么第二个月就是中期，第三个月要进行"评估面谈"。

关于人事评估，虽然一般都认为是由公司来决定具体的实施方法，但是团队领导者为了提高成员的参与度，可以增加面谈次数，把工作做得更加细致一些。

迄今为止已经有大约2000家企业引进了明日之团公司的人事评估服务。从经验中也能确信，如果团队领导者合理地进行人事评估，就可以持续保持员工的高参与度。

团队领导者应当以什么为意识，该如何具体地实行人事评估制度呢？根据 2000 多家公司成功引进的经验，我们来详细地看一下。

● 提高自主参与度的三个要素

一般来说，构成参与度的要素可以分为三大类。

第一类是"对公司发展方向的理解"，第二类是"归属感（对组织的归属感、自豪感及依恋之情）"，第三类是"行动的欲望（企业的成功，自觉地去工作，甚至积极地做超越组织要求的工作）"。

首先，"对公司发展方向的理解"是指对基于公司的理念、愿景、使命、价值的部门或团队的目标的理解。当然，把这一切理解得越深刻，参与度越高。

那么，怎样做才可以促进成员的理解呢？关键在于人事考核系列过程的出发点——"目标设置"。此时，将企业的方针落实到个人的目标上是极其重要的。

为此，团队领导者首先要认真地向成员传达公司的方针和团队的目标等。我在第 2 章中阐述过的"五个价值观的渗透技巧""与成员约定的技巧"会在这种情况下发挥作用。

此外，团队领导者必须把对每一位成员的期待和要求传达到位。这样,成员从一开始就会把之后进行"自我目标设置"的材料提供齐全。

以此为基础,每一位成员都会自己思考并设置目标。这就是自我目标。

其次,团队领导者会就成员自己思考的自我目标进行商谈,即"目标设置面谈"。

图15 利用人事评估来提升构成参与度的三个要素

**构成参与度的三个要素**

❶ 对公司发展方向的理解
❷ 归属感(对组织的归属感、自豪感和依恋之情)
❸ 行动意愿(企业的成功,自觉地去工作,甚至积极地做超越组织要求的工作)

目标设置面谈　　中期面谈　　评估面谈
1个月　　2个月　　3个月

通过"以一个季度循环的人事评估"
分别提高构成参与度的三个要素

在面谈中,如果团队领导者的期望和要求与成员的自我目标发生冲突,可以做一些必要的修改。

## 第 7 章
提高成员的自主参与度

最后将团队领导者与成员决定的目标提交给评估核定人——团队领导者的上司,请求其批准,这样成员的目标就确定下来了。

通过每个季度进行这样的"目标设置",成员就理解了公司的方针,进而使自己与公司的目标保持一致,不断地提高参与度。

● 设置与"行动"相联系的目标的要点

关于设置目标的要点,我想再解说一下。无论设置多少目标,如果不能落实到成员的"行动"上,则不会出成果。要与行动相联系。我认为特别重要的是要做到以下几点:

· 并非是结果目标,而是过程(行动)目标
· 具体且短暂
· 由成员自己设置

请想象一下,上司二话不说,只抛给一个结果目标——"3 个月后销售额为 ×× 万日元"。如果是优秀的人或有经验的人,也许会立刻付诸行动,但是大部分人

会陷入"究竟怎样做才好呢""从哪里入手好呢"这种状态。

此外,结果目标受到外因(自己无法控制)影响的程度较深,不适合用来促进行动。

因此,需要设置可以带来成果的过程(行动)目标。

而且过程(行动)目标要是具体且具短期性的目标。如果是"彻底做××""致力于××"之类的抽象目标,本人和评估人无法判断和测定是否已经采取了实际行动。此外,如果是"一个月中进行××"之类的长期性目标,真正落实到行动上会很缓慢。到了临近提交结果时,尽管匆匆忙忙地开始行动,规定期限也依然达不成目标,这种情况极可能发生。

另外,在设置具体而短期的过程(行动)目标时,第3章中介绍的"目标分解技巧"就会起作用了。

而且并非是领导者单方面给定过程(行动)目标,而是由成员自己思考、自己设定。也就是说,内因(自己可以控制)比什么都重要。正因为是由自己决定,才可以自觉地行动。

## 第 7 章
提高成员的自主参与度

**图 16　促使行动改变的三个要素**

行动改变 ＝

过程目标 × 自我设置 × 薪酬挂钩

具体而短期　　内因性　　　金钱报酬与意义报酬
　　　　　　（自己可以控制）　（*在 P201 以后有解释）

当然，成员中或许有人无法独立设置可以做出成果的过程（行动）目标。在与这样的成员面谈设置目标时，请一定要有效地利用我在第 3 章中介绍的"神奇提问法"。

● 通过"一对一面谈"结成信赖关系

我们再把话题返回到构成参与度的三个要素。

第二个"归属感"，具体是指隶属于所在公司、部门和团队的感觉。对组织的自豪感和依恋之情越强烈，参与度就越高。

这里的重点是作为成员直属上司的团队领导者要与成员结成信赖关系。团队领导者要与成员"一对一面谈"，结成信任关系是最基本的。

与参与度一样，一对一面谈已成为近年来最引人关注的话题。大家一定有所耳闻吧？或许有人说"我们公司最近也实施了"。

事实上他们所说的"为了帮助和促进下属成长，上司与下属定期举行会谈"，发挥的正就是一对一面谈的作用。也就是说，团队领导者要以一个季度为周期推进人事考核，每个月都要与员工进行一对一面谈。

据此，当公司的方针和业务内容发生变更时，也可以尽早将变更的内容顺利地传达给成员。此外，当成员在人际交往及开展业务中有什么烦恼时，团队领导者可以尽早发现，也能够尽早处理。这就进一步强化了双方之间的交流，从而使双方结成了信赖关系。归属感也会很自然地得到提高。

当然，也并非一味地增加一对一面谈的次数就好。事实上，尽管按照每月一次或一次以上的频率在实施，但达不到预期效果的企业似乎也不在少数。

这是因为没有明确地设定核心目标。因此，一对一面谈变成了单纯的闲谈或拉家常。

团队领导者与成员针对所设定的目标积极地交谈，才能加深彼此之间的信赖关系，最终也能提高成员对团队的归属感。

在这里,我想简单提一下明日之团公司最看重的"中期面谈"。

即使设定了具体且短期的过程(行动)目标,成员也未必能全部顺利地达成。因此,团队领导者在每个季度周期的中间点,需在一个固定的场所与成员一起回顾前期的工作,商讨做后期的工作应该采取的对策。

而且通过中期面谈可以修正轨道,成员可以圆满地达成一个季度的目标,团队领导者与成员之间的信赖关系也会更加巩固,这绝不是什么稀奇的事。

● 100% 结果评估的弊端

第三个"行动意愿"是指为了公司、部门和团队的成功,自觉地去做超越组织要求的工作的意愿。行动意愿越强烈,参与度就越高。

为了提高成员的行动意愿,团队领导者应当公正地评估每一位成员。在"评估面谈"的场所,针对目标,要与成员一起坦率地确认能够做到的事情和不能做到的事情。成员是否理解并接纳领导者的评估,直接影响着他们针对下一个目标采取行动的积极性。

在这里，重新设置过程（行动）目标非常有效。

如果只设置结果目标，只用100%的结果进行评估，会发生什么情况呢？成员容易陷入短期性认识，成为利己主义者，缺乏团队合作精神，出现不愿指导和培养年轻一代的弊端。这是泡沫经济崩溃后引入了"以业绩为主导"的大部分日本企业所面临的问题。

此外，100%的结果评估也是一种"只注重员工的工作业绩"、非常冷酷无情的管理方式。在这种管理方式下，自然无法提高行动意愿。

另一方面，只要设置了过程（行动）目标，团队领导者就要经常关注每一位成员的日常行动，要细致地观察成员哪里做得不够，哪里做得比较出色等。

在考核中，面谈不仅要考查员工的行动能否达成目标，还要考查员工为了实现目标做过哪些努力及认真的程度等。正因为团队领导者每天都在观察成员的行动，他才有可能看出成员哪里有问题，并将问题准确地反馈给成员。

"团队领导者竟然连这样的事情也看到了。"

如果成员能这样想，就会转化为对下一个目标的行动意愿，这对达成目标有极大的影响。从这一点来看，预先设定成员的过程（行动）目标并进行考核具有重大的意义。

# 第7章
## 提高成员的自主参与度

●应当给与"意义报酬"

公正和具有说明力的评估,而且将其与"报酬"挂钩,就会进一步提高成员的参与度。

不过,有许多团队领导者在这里碰壁了。

说到报酬,你会立刻想到"金钱报酬"吧?简单讲就是涨工资。

不管公司有怎样的人事评估制度,团队领导者采用我前面阐述过的方法,完全可以公正地评估员工。然而,却不能将评估结果与成员的工资挂钩……在这里碰壁的团队领导者有很多吧?

例如,残留着论资排辈浓厚氛围的企业,即使某位员工的业绩大幅度地超越了目标,也不可能实现工资直线提升。

"不是绝对评估,而是相对评估""评估结果只能作为决定工资的参考""没有负面评定,没有工资差异"等,在采用我们称之为"过去的人事评估"制度的公司中,无论团队领导者再怎么努力,都不能公正地提升成员的工资。

这是很难解决的问题,团队领导者能够给予的报酬不仅有金钱报酬,也有"非金钱报酬"。满足成员的贡献意愿、认可欲望、亲和欲望和成长欲望等,被称为"意义报酬"。工作的意义也可以作为报酬。

贡献意愿是指希望为社会上的事情贡献力量的欲望。做志愿者等就是为了满足贡献意愿。

认可欲望是指希望上司与他人承认自己是一个可以独当一面的人，希望得到表扬、认可，得到"太棒了""做得太好了"之类称赞的欲望。

亲和欲望是指希望可以体会到团队的整体感，追求与感觉良好的人在一起工作之类的高亲和度。

成长欲望与字面意思相同，即希望成长的欲望。近年来，越来越多的年轻人认为成长优先于金钱，而且据此选择工作和公司。

只要是"意义报酬"，团队领导者就能给予成员。通过平日的交流，完全可以了解每一位成员有什么期望，据此给予符合每个人期望的意义报酬。团队领导者能够做到这一点。

**表4　"明日之团的人事考核"与"过去的人事考核"的区别**

| | 明日之团的人事考核 | 过去的人事考核 |
|---|---|---|
| ①评估周期 | 一个季度考核 | 半年（6个月）考核 |
| ②审核周期 | 半年（6个月）审核 | 一年审核 |
| ③行动目标项目数 | 用数据表示出来，而且排出优先顺序 | 项目数多，却并不区分优先顺序 |
| ④行动目标内容 | 行动目标由自己设置 内容具体 | 行动目标由上级给定 内容抽象 |
| ⑤数据目标内容 | 项目、目标值、尺度都是事先由公司详细设定 | 项目、目标值由自己设定。难易度则由公司事后决定 |
| ⑥中期面谈 | 保留中期面谈的记录 | 不进行中期面谈，或者没有记录 |
| ⑦评分 | 按照4个等级评估，取消中间分数 | 按照5个等级评估，中间分数第3等级是最多的 |
| ⑧评估和报酬 | 绝对评估，与报酬挂钩 | 评估结果是相对评估，只作为决定工资额的参考 |
| ⑨评估和报酬 | 评估等级在10个等级以上，也实施负面评定，工资额度有公平的差异 | 评估等级为5个等级，没有负面评定，工资额无差别 |

也就是说，团队领导者通过给予成员与评估挂钩的意义报酬，就可提升其动机、归属感和行动意愿。

由于金钱报酬的资源有限，所以不能给予所有人。如果多给了某个人，就无法再给他人。

但意义报酬的资源却是无限的。不会因为给了某个人，就无法再给他人。因此，团队领导者给予成员多少意义报酬都可以。

而且这样既可以在目标设置阶段向员工传达"这个工作有这样的意义"，也可以在日常工作的交流中向他们传达"工作已经非常完美了"，或者在中期面谈中传达"要为了掌握这项技能而努力哦"。这些都是可给予员工的意义报酬。

当然，评估面谈现场是给予员工意义报酬最合适的场所。只要员工能够获得了自我决定感，真实地体会到了自我成长，这一切就都能成为意义报酬。

从根本上说，如果不从全公司范围内持续不懈地努力提高参与度，就无法一直保持较高水平的参与度。如果团队领导者能够做到这一点，就能充分利用我刚刚阐述过的人事评估办法。

团队领导者可以通过有效地利用人事评估制度，提

## 第 7 章
提高成员的自主参与度

高员工的参与度,这是团队持续以提升 4 倍的速度执行 PDCA 的引擎。

很多读者应该已经发现了,人事评估的本身就是 PDCA。通过持续运行人事评估的 PDCA,就可以持续保持员工的高参与度。

**专题** 为什么把人事评估制度作为主要商品呢?

我们明日之团公司提供并销售人事评估制度服务。

最后,我想稍微提一下为什么我们把人事评估制度作为主要商品。

首先,你知道"人事考核"和"人事评估"这两个词吗?

我认为最好不要使用"人事考核"这个词,而是使用"人事评估"。

在创业之初的 2008 年,只要在互联网上搜索"人事考核",搜索出来的结果非常多,条数大约是"人事评估"的 3 倍。可见,使用"人事考核"的公司非常普遍。

现在情况发生了变化,使用"人事评估"这个词的公司在增多。然而,以大企业为中心的很多企业依然在使用"人事考核"一词。

那么，为什么我不采用"人事考核"，而想用"人事评估"呢？那是因为"人事考核"曾经有过一段不光辉的历史。

"人事考核"是终身雇佣、以资历定工资时代的词。这个时代，企业人事制度的培育制度、评定制度和工资制度三者是分开的。部分企业甚至还把人事部分为人才培育科、评定科和工资科。

把评定与工资割裂开，以资历定工资，所以即使评定结果很好，也只会在该员工资历范围内调整工资，不会有显著的提升。这样，无论员工努力与否工资都差不多。

于是，20世纪90年代以后，企业开始引入了成果主义和目标管理。

成果主义和目标管理这种制度原本是将培养员工、评定（评估）业绩与员工的工资挂钩。因此，需要停止使用以终身雇佣为前提、以资历定工资的传统制度，将人事制度转换为成果主义与目标管理。然而，多数日本企业在依然维持终身雇佣和以资历定工资的制度的同时，引入了成果主义与目标管理。

采用这种互相矛盾的人事管理标准，使得"人事考核"

## 第7章 提高成员的自主参与度

形同虚设。

即使在目标管理中设立了目标，努力达成了目标，但是工资是基于资历而定，所以工资几乎得不到增长。那么，进行目标管理又是为了什么呢？

在"人事评估"中，培育、评估和工资三位一体。制定以培育为目的的目标，评估是否达成了目标，根据评估结果决定工资。这就是"人事评估"。

在"人事考核"中，人事部是主角；而在"人事评估"中，团队领导者是主角。

从培育的观点出发，自我设定目标自然与让成员自主设定目标密切相关，团队领导者在达成目标的过程中每天为他们提供各种建议，最后评估达成目标的程度。而且根据团队领导者的评估，决定成员的工资。

团队领导者真正成为提高全公司参与度的主角。

从这样的背景出发，我希望许多企业引进原本正确的人事评估制度，使日本企业恢复生机，进而振兴日本经济。于是我决定将培育、评估和工资三位一体的"明日之团的人事评估系统"的构建、引入、运用支持作为主要商品和服务并提供给大家。

**解说**

# 为什么现在要追求
# "快速经营"呢

——用管理学解读"提升 4 倍速度的团队领导者"

田中道昭

- 你的公司也要有"亚马逊速度"

我作为大学教授、上市企业董事和经营顾问，常常以最先进的企业为标准。现在则经常以被称为"GAFA"[6]的谷歌、苹果、脸书、亚马逊，和被称为"BATH"[7]的百度、阿里巴巴、腾讯、华为八家美国和中国的科技界巨头企业为标准。

其中，我认为特别重要且可以长期跟踪的是亚马逊。

我在分析企业时最看重的是该企业经营者的个人能力或特征，而且会从这里着手分析。我认为，对分析领导者的管理来说，定性、定量分析企业不可或缺，最重

---

[6] 译者注：谷歌（Google）、苹果（Apple）、脸书（Facebook）、亚马逊（Amazon）四个英文单词的首字母缩写。
[7] 译者注：百度（Baidu）、阿里巴巴（Alibaba）、腾讯（Tencent）、华为（Huawei）四个英文单词的首字母组成。

## 解说
### 为什么现在要追求"快速经营"呢

要的是解读该企业的经营者对自己所从事的事业具有什么管理哲学和管理特色可以借鉴。

我经常会借助报纸和杂志了解亚马逊的创始人及 CEO 杰夫·贝佐斯的相关消息,还通过网站上传的视频等搜索他几乎所有的发言,以推断其个人能力或特征等。现在,身边的人都叫我"贝佐斯的守望者"。

贝佐斯认为重要的,我就会多次反复地强调,周围的人称之为"杰夫主义"并广泛传播。

"虽然我并不知道亚马逊 10 年后会怎么样,但是 10 年后有三点需要明确。"

这也是杰夫主义之一。那么,"10 年后必须明确的三点"是什么呢?就是以下三点:

·(消费者)要求低价格
·要求商品丰富、应有尽有
·要求快速配送

无论是过去还是现在,10 年后消费者所要求的这三点不会发生变化,多少年来贝佐斯一直在说这些话。只不过由于技术进步等现实原因,所有的变化都更加剧烈。

因此，低价、品种丰富齐全、快速配送的内容，过去与现在、现在与 10 年后会截然不同。

几十年前许多人并没有快速配送的要求。而现在，如果在亚马逊上订购一件商品需要 5 天时间送达，消费者也许会立刻撤销订单。我认为贝佐斯的大脑可能正在考虑的是，在以 3 年左右为单位的不久的将来把速度提升到一定程度——消费者正在想时就送到他的面前或者还未想就已经到货。即便是现在，也在持续提升已经很快的"亚马逊速度"。虽然这个词是我自己创造的，但是贝佐斯对速度的强烈执念切实存在。

不仅仅是亚马逊的竞争企业要有"亚马逊速度"，其他行业的企业也要有。因为消费者已经习惯了亚马逊速度，所以要求其他行业的企业提供的商品、服务也有同样的速度。

我举一下身边的例子具体说明：原本需要几周时间才能校对完通讯稿，现在缩短为几天时间；原本需要几周时间才能到手的婚纱照，现在缩短为几天时间，等等。这样的例子不胜枚举。

甚至视频传送，"mysta"需要一分钟，"Tik tok"需要 15 秒。说到底，能让人们轻松、快速享乐的产品才

### 解说
#### 为什么现在要追求"快速经营"呢

会流行。

此外,近年来数字化在日本也引起了人们极大的关注,像启动企业 DNA 一样,其实质都是在向快速经营转变。午餐时间,当你在市中心的便利店排长队付款,一定会非常羡慕"只需点击一次即可完成"的亚马逊 EC(快捷支付流程)付款,以及以"拿了想买的东西即可离开"为口号的便利店 Amazon GO 无人收银服务吧!

我再重复一次,已经习惯了亚马逊速度的消费者,也会要求其他企业有同样的速度。也就是说,要求你所在的公司有亚马逊速度。

● 速度中凝缩了管理的要诀

然而,不能因为追求高速度,经营者与团队领导者就单纯地提高速度。这样做,组织与员工都会疲惫不堪。

为了提高速度,特别是为了提高全公司和团队整体的速度,机制不可或缺。

从经营学的角度来说,为了提高速度,同步化——统一时机非常重要。例如,有 10 个人随着传送带作业。此时,传送带的速度不得不配合操作最慢的人。最慢的环节就会成为障碍。为了消除这个障碍,需要为该环节提速，这就是同步化。为了提高速度，同步化至关重要。

为了提高全公司的速度，必须使各个部门的工作时间同步化。丰田汽车公司的看板管理与 7-11 的库存管理也是以同步化为重点。可以说，只要观察该公司的速度，就能了解其经营状况。我认为速度中凝结了管理的要诀。

而且实现同步化必须利用技术和数字化。近年来，备受关注的数字转换和数字转型实质上均是以提高速度为目标。

但是，企业为了实现高速运营，仅仅依靠同步化、数字化还不够。那么，还需要什么呢？就是像本书中多次阐述的那样，制定大胆的目标和高速度执行 PDCA 才是速度的源泉。

- 关键是"制定大胆的目标和高速执行 PDCA"

下面的图表示的是高速运营的整体结构。首先，最重要的是制定大胆的目标和高速执行 PDCA 要配套进行。

用亚马逊的语言来说，制定大胆的目标就是"从长远的角度思考"。在几个月或一年内无法达成大胆的目标，至少需要花费 3 年、5 年，甚至 10 年才能实现。只有站在长远的角度思考，才能够制定出大胆的目标。

## 解说
### 为什么现在要追求"快速经营"呢

在科技巨头企业中,大胆的目标被称为"Bold",即"大胆"的意思。"Bold"这个概念与发展事业的过程中将会面对怎样的社会问题、会产生怎样的新价值之类的含义相同。

"Bold"在科技企业中已成为关键词,Mercari 公司把它作为公司的价值观之一。Mercari 公司的"Bold"与硅谷的科技企业的"Bold",含义几乎完全相同。

与"Bold"配套实施的是"高速执行 PDCA"。向着大胆的目标,明确现在应该做什么,而且付诸行动,这一点非常重要。

如图 17 左下角"精益创业"那样,重要的是"首先要尝试去做"。但是,这一点常常会被误解为"什么都也不思考,直接尝试去做"。事实上并非如此。精益创业也要与大胆的目标配套,是面向大胆愿景的精益创业。

此外,虽然很多日本企业确立了大胆的目标,但在 PDCA 的"P"阶段浪费了非常多的时间,在完美的方案未出台之前,无法迈出第一步。其实,当你制定了大胆的目标时,就要立刻开始精益创业,然后在高速执行 PDCA 的同时,不断地修正轨道。这是高速运营的动力。

而且在高速运营中,"xponential",即指数函数,这个概念也非常重要。反义词"Linear",即线性函数,对应的是一定期间内增加1、2、3、4……,指数函数是指1、2、4、8……这样的倍增。在科技类企业中,指数函数尤其重要。

以主办月球表面无人探测比赛闻名的X Prize基金会的CEO彼得·H.迪亚曼迪斯在其所著的《Bold的穿透力》中这样写道:

> "例如,我从圣莫尼卡的家的起居室开始沿直线行走30步(假设每一步前进一米),即走了30米。差不多穿过了家门前的那条路。如果我从相同地点出发,按照指数函数向前走30次,计算后得出,走了10亿米,可以绕地球26圈。"

总之,指数函数式增加或增长,是爆发式、飞跃式的。彼得H.迪亚曼迪斯认为这符合技术进步引起的连锁反应,于是将其命名为"六个D",即数字化(Digitalization)→潜行(Deceptive)→破坏(Disruptive)→非收益化(Demonetize)→非物质化(Dematerialize)→大众化

> 解说
> 为什么现在要追求"快速经营"呢

（Democratize）的流程。

针对指数函数式增长，迪亚曼迪斯列举了数码照相机的例子。当胶卷照相机实现"数字化"的时候，它并没有瞬间席卷市场。世界上第一台数码照相机出现时，像素为0.01百万，即使在以0.02、0.04、0.08、0.16、0.32、0.64……的速度倍增，短时间内也没有显著的变化。我们把像这样用眼睛看不到的变化和增长状态叫作"潜行"。

然而，如果像前面所举的"从家里步行"的例子那样突破了整数这个壁垒，就开始了爆发式增长，转眼之间就会突破一亿大关。数码照相机的像素突飞猛进，"破坏"了胶卷照相机的市场，使其"非收益化"。不久，数码照相机内置于智能手机中，实现"非物质化"。最后，任何人都可以拥有它的"大众化"时代随即到来。

正因为贝佐斯懂得数字化是呈指数函数式增长，所以他从一开始就非常重视"可扩展性"。可扩展性就是扩张性。

### 图17 高速运营的整体结构与解说

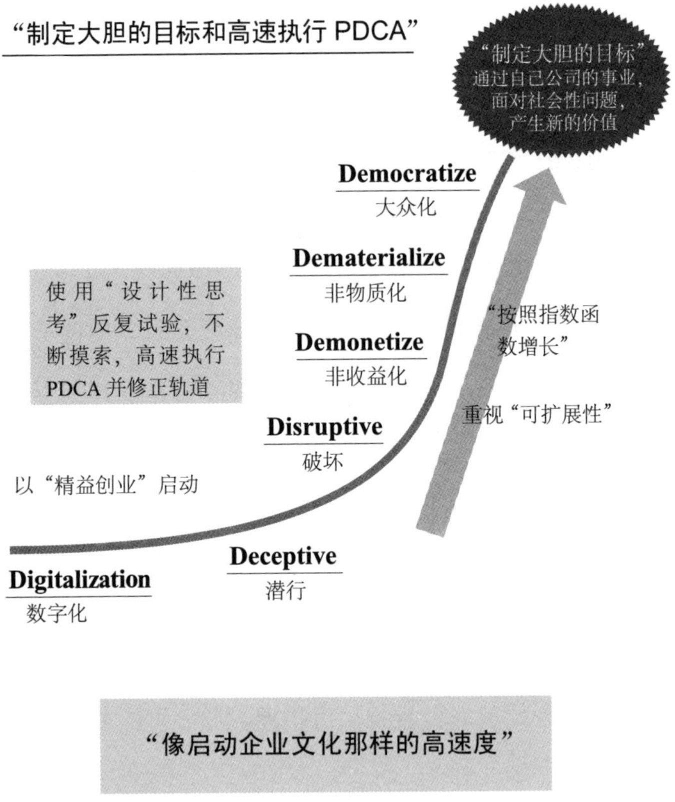

"制定大胆的目标和高速执行 PDCA"

"制定大胆的目标"通过自己公司的事业，面对社会性问题，产生新的价值

**Democratize**
大众化

**Dematerialize**
非物质化

**Demonetize**
非收益化

**Disruptive**
破坏

**Deceptive**
潜行

**Digitalization**
数字化

使用"设计性思考"反复试验，不断摸索，高速执行 PDCA 并修正轨道

以"精益创业"启动

"按照指数函数增长"

重视"可扩展性"

"像启动企业文化那样的高速度"

*插图：田中道昭

### 解说
### 为什么现在要追求"快速经营"呢

因此，在亚马逊，经常首先要问的就是"有可扩展性吗"。因为如果一开始遇到困难并陷入僵局，那么继续做就没有任何意义。

在高速执行 PDCA 期间，因为在潜行阶段而无法增长，还是哪里存在问题而无法增长呢？这两者截然不同，所以一定要仔细辨别。如果判断结果是处在潜行阶段，就不要过分追求利润。

我再重复一下要点，在高速经营中最重要的是制定大胆的目标和高速执行 PDCA。面向大胆的目标，启动精益创业，首先要实现数字化。但即使实现了数字化，也并非立刻出成果，其中有一段潜行期。如果持续高速执行 PDCA，不久呈指数函数式增长的时期就会到来。而且以破坏→非收益化→非物质化→大众化的流程前进，最终会实现大胆的目标。

● **五个要点成为众多企业的参考**

不仅仅是硅谷的企业要求高速运营。正如我一开始阐述的，你所在的企业也要求具有亚马逊速度。

然而，在日本企业中，能够实现高速运营的屈指可数吧？明日之团公司就是这些屈指可数的公司之一。构筑和实践明日之团公司高速运营特色的，正是本书的作者高桥恭介会长。

我担任明日之团公司的顾问多年，与会长一起举办研讨会和讲座等，而且与高桥会长有合著的书。

我的客户中，既有上市企业，也有中小企业。其中有很多企业以明日之团公司为标准，而且引进来他们的经营法。

图18 实现明日之团公司"高速运营"特色的五个要点

❶ "五个价值观"，让团队与成员向着一个目标挺进

❷ "与成员约定"，使团队团结一致

❸ "在商谈前可以完成的、与客户的会议记录"，实现最理想的商谈效果

❹ 最重要的是每周执行 PDCA 的"团队会议"

❺ "一举两得的销售法"，提高团队与成员的工作效率

＊插图：田中道昭

从这个角度出发，重新审视这本书，可作为参考实现高速经营的要点很多。在此，我想特别向各位读者推

荐五个要点。

第一,"五个价值观"让团队和成员向着一个目标挺进。

在经营中,会出现使命、愿景和价值等词语。使命指的是组织存在的意义,愿景是指组织未来的形象和目标,价值是指价值观和行动指针。

当然,这三个都很重要,如果企业的业务范围发生了变化,那么使命和愿景也应随之改变。而价值是指企业最重要的价值观,因此是唯一不能随意更改的。

在技术进步日新月异、世界发生剧烈变化的今天,人们重视的是"多样性",希望录用有个性的人才并充分发挥他们的价值。然而,要求多样性、录用大量有个性的人才,最低限度的要求是必须"拥有这样的价值观"。如果没有价值观的要求,公司会变成动物园,聚集在一起的不是人,而是一群动物。

因此,共享五个价值观非常重要。

明日之团公司非常重视五个价值观。因为五个价值观对充分发挥多样性和个性非常重要,对实现团队合作、发挥团队合作的力量也不可或缺。

第二,"与成员约定",使团队团结一致。

事实上，我的客户——一家上市企业也引进了"与成员约定"，经营者会在每年举行的员工大会上宣布与员工的约定。

在与员工的约定中，最重要的是可以调动成员工作积极性的内容，例如约定休假、工资和教育制度等。

通过约定，经营者和团队领导者提高了员工及团队成员的责任感，加强了相互之间的联系。

即便未能遵守约定，明确地说明未能守约的原因非常重要，甚至可能因此加深与员工或团队成员的信赖关系。

对员工或团队成员来说，如果高层管理者或团队领导者能为他们遵守承诺，他们会感到非常高兴，会产生努力工作的动机，可调动成员自律型自我领导的能力。

即便是小事，团队领导者也可以与团队成员约定，履行自己的承诺，不仅会调动成员的工作积极性，也可以使团队团结一致。

第三，加上色彩描绘的"事前会议记录"。

多年来我与明日之团公司在一起工作，我认为该公司做得最出色的是会议记录。我多次陪同参加与员工或与客户的商洽，这时候必定会有一个人做会议记录。而

> 解说
> 为什么现在要追求"快速经营"呢

且洽谈结束后，会迅速发放会议记录。保留会议记录对执行 PDCA 非常重要。

我还想强调的是，在商谈之前做好事前会议记录。事前会议记录指的是会前大脑想象的形象。为什么要重视想象出来的形象呢？因为想象不到的东西无法实现。当然，能够想象得到也并非都可以实现。但据行为科学证明，想象得越真实，实现的可能性就越大。

例如，能够在商谈前想象到客户高兴的样子、客户感谢自己的场景等具体且积极的形象，把理想的商谈想象得更现实些，无疑会提高商谈的成功率。

像在本书中提到的那样，如果想象出自己穿什么颜色的西装、戴什么颜色的领带、演示资料的底色是什么颜色，甚至其他更加细致的颜色，我认为这会让商谈更理想。

第四，每周执行 PDCA 的"团队会议"。

我一直在为不同规模和不同行业的企业提供咨询。我发现，做出出色业绩的企业无一例外地将每周举行一次的定期例会作为每周执行 PDCA 的场合。

也就是说，一周集中进行一次交谈以交换信息，而且不仅把会议作为上司向下属发布指示的场合，还要使其成为整个团队执行 PDCA 的场合，这一点非常重要。

假如上周定的目标为 100，那么要看一下上周实现了多少。如果达到了 80，还差 20。为什么还差 20 呢？就要在会议上探讨一下原因。

如果是关于零售的会议，差距变大是从星期几开始的呢？如果一共有五个地区，是在哪个地区产生的差距呢？如果有五种商品，是在哪个商品产生了差距呢？只要弄清楚了这一切，就能精准地确认产生差距的原因。只要精准地找到原因，就能明确对策与下一步的行动。

重要的是每周执行 PDCA 的场合——一周一次在规定的日子和规定的时间召开的团队会议。明日之团公司非常重视团队会议，这是以提升 4 倍的速度执行 PDCA 所必需的。如果你是团队的领导者，首先尝试一下将现在进行的会议改为执行 PDCA 的场合。你认为怎么样呢？

第五，"一举两得的销售法"，提高团队和成员的工作效率。

我一直在一家珠宝行业上市企业担任外部董事的职务，高桥会长在担任 Primo Japan 副总经理期间，开始在珠宝行业实行非常有名的"一举两得地向从事婚庆业务的相关法人推销"的方法。

### 解说
#### 为什么现在要追求"快速经营"呢

　　珠宝行业传统的做法是向来到商店的客户销售。而一举两得的销售法是员工于星期六、星期天客人多时在店中等待客户上门，工作日客户少时积极地向从事婚庆业务的相关法人推销。通过采用一举两得的销售法，Primo Japan 公司得以发展壮大。我的很多客户企业目前也引入了这种销售方法。

　　一举两得销售法的要点是有效利用人、物、钱和时间等资源。高桥会长通过一举两得的销售法，有效地利用了没有为客人服务的销售人员和他们的时间。此外，这也为结婚典礼场所、婚庆相关企业带来了收益，形成了相互介绍顾客的双赢关系。

　　而且一举两得的销售法也有助于销售人员的成长。传统的商店接待客人是 B to C 形式，而向法人销售则是 B to B 形式，二者在销售方法及应当着眼的地方都大相径庭。个人的需求与法人的需求当然会截然不同。

　　商店的销售人员通过体验向法人销售，拓宽了视野，加速了自己成长。这或许是实行一举两得的销售法最大的好处。

　　总之，通过一举两得的销售法，有效地利用了资源，提高了工作效率，在公司外部也建立起了与合作单位的双赢关系，更促进了员工的成长。

正如高桥会长所述，一举两得的销售法在不同的企业和团队中都可以应用。不仅仅是销售，只要改变一下思路，管理部门也可以使用。

如果不把重心置于提高团队的工作效率上，而是着眼于促进员工的成长，你就一定会发现一种新的一举两得法。

- "赋权理论"证明了人事考核制度

除了以上五个要点，还特别值得一提的是明日之团公司实施了将每一位员工的参与度（自觉地发挥自己能力的贡献意愿）提高到极限的措施。

为了实现高速运营，类似这五个要点的机制不可或缺。高速执行PDCA是绝对条件，而运行它的则是"人"。也就是说，如果没有每一位员工积极贡献的意愿，就无法持续高速运行PDCA。

明日之团公司是提供人事考核制度和服务的企业。本书中，虽然几乎没有涉及人事考核制度的内容，但是，这种制度将最具竞争优势的本源揉进了本公司的商品和服务中。明日之团公司也同样在人事考核制度中加入了

## 解说
### 为什么现在要追求"快速经营"呢

提高公司每一位员工工作热情和贡献意愿的重要因素。

明日之团公司特别注重自我实践。在此我解说一下"促使行动改变的三要素"和"赋权",这也是明日之团公司为客户提供的人事考核制度。

明日之团公司的人事考核制度尤其重视出成果。那么,成果是什么呢?就是通过某个行动得到好的结果,他们认为出成果的要点是"行动"。

而且该制度还列举了促进每一位团队成员行动的三要素——"过程目标""自我设置"和"报酬挂钩"。

从经营学赋权理论的角度考虑,这三要素也非常合理。

首先,简单来说,赋权就是给人或组织独立性和援助。赋权分为"em"与"powerment",是"给"与"力量"的意思。维基百科中给它作了如下定义:

"给每个人梦想和希望,增强其勇气,调动起人原本拥有的出色的能力。"

图19 （重刊）促进行动改变的三要素

行动改变 =

过程目标 × 自我设置 × 薪酬挂钩

具体而短期　　内因性　　　　金钱报酬与意义报酬
　　　　（自己可以控制）

星野度假村的代表星野佳路说，《一分钟经理人》（肯·布兰佳、彼得·格雷齐尔、艾伦·伦道夫合著）"对我来说是一本非常重要的教科书"。

星野代表从父亲那里继承公司时，公司正面临着老员工纷纷辞职的危机。如果工作人员不稳定，公司就无法提供令人信服的服务。于是，他恳求想辞职的员工"请不要辞职"，而且他要彻底询问辞职的原因是什么？

最后他弄清楚了员工辞职的最大原因是"组织中理想与现实有差距"。星野代表当时采取的是自上而下的经营方式，员工必须唯命是从，他们感到压力巨大。

此时，他读了《一分钟经理人》，接触了赋权理论，于是就鼓励员工自由发言，活跃讨论氛围，提高员工的

● ● ● 解说
为什么现在要追求"快速经营"呢

工作热情，明确工作的目标等，把工作接连不断地委托给他们。他还着手建设不拘泥于职务和地位，可以自由平等地交换意见的扁平化组织文化。他重视赋权，谋求组织的活力。

像这样重视赋权的经营者不在少数，星野代表是其中之一。

● 赋权的"心理学方法"和行为改变

如果从学术上分析赋权理论，则有两种思维方式，即"心理学方法"和"结构性方法"。

在心理学方法中，赋权的要素被称为"任务考核"。而任务考核又可以分为"自我价值感（Competence）""影响感（Impact）""有意义感（Meaning）"和"自我决定感（Select）"四个主要因素。这四个因素是个人处于一个组织中并由组织、上司及周围的人赋能——给与权力，使个人更具有工作热情的主要动力。

自我价值感是认为"自己能够做到"；影响感是认为"自己有影响力"；有意义感是认为"自己在做有意义的事情"；自我决定感是"做自己决定做的事情"。

这四个因素构成赋权，采用的是心理学方法上的思

227

维方式。列举出的这四个因素与明日之团公司促进行动的三要素——过程目标、自我设置、报酬挂钩相吻合。

根据行为科学的期望理论，自我价值感就是"行动—成果期望"，认为自己能够做到，认为自己的行动会出成果。过程目标则会提升自我价值感，提高赋权水平。

根据期望理论，影响感就是"成果—报酬期望"，认为自己有影响力，认为只要取得成果，就能够获得公正的报酬。报酬挂钩中的金钱报酬可以提升影响力，提高赋权水平。

根据期望理论，有意义感就是"报酬的价值"，认为自己在做有意义的事情，认为自己的报酬中含有价值。报酬挂钩中的意义报酬可以提高有意义感，提升赋权水平。

根据期望理论，自我决定感就是"对决定的感知化"，认为在做自己决定做的事情，认为该结果可以获得灵活性、创造性、主体性和自我支配权。自我设置可以提高自我决定感，提升赋权水平。

表5 与赋权的四大因素的关联性

| 赋权的四大主要因素 | 自我价值感 | ■根据期望理论的"行动—成果期望"<br>√认为"自己能够做到"<br>√认为"自己的行动会出成果" | 过程目标 |
|---|---|---|---|
| | 影响感 | ■根据期望理论的"成果—报酬期望"<br>√认为"自己有影响力"<br>√认为"取得该成果会获得公正的报酬" | 报酬挂钩<br>(金钱报酬) |
| | 有意义感 | ■根据期望理论的"报酬的价值"<br>√认为"自己在做有意义的事情"<br>√认为"自己的报酬中含有价值" | 报酬挂钩<br>(意义报酬) |
| | 自我决定感 | ■根据期望理论的"对决定的感知化"<br>√认为"在做自己决定做的事情"<br>√认为"该结果可以获得灵活性、创造性、主体性和自我支配权" | 自我设置 |

也就是说,过程目标相当于自我价值感;报酬挂钩中的金钱报酬相当于影响感;报酬挂钩中的意义报酬相当于有意义感;自己设置相当于自我决定感。明日之团公司改变行动的三大要素与赋权理论中的心理学方法相吻合。

● 赋权的"结构性方法"和行为改变

下面我们看一下赋权理论的结构性方法。结构性方法的赋权要素是"权限转移"。赋权有时也会被称为权限转移，这是两个比较接近的概念。我认为权限转移成功的条件有四个："共享目标""个人能力""结果预测"和"约定"。

共享目标是指共享使命、愿景、价值和战略等；个人能力是指个人所具有的可以接受权限转让的能力；结果预测是指可以合理地预测结果；约定是指针对结果进行约定。

这四个条件与明日之团公司的"促进改变行动的三要素"——过程目标、自我设置和报酬挂钩相吻合。

过程目标与共享目标、个人能力相吻合；报酬挂钩与结果预测相吻合；自我设置与约定相吻合。

权限转移是对"成长"的投资。团队领导者转让权限，可以促进每位成员成长。但权限转移往往伴有风险，因此团队领导者必须有转让权限的勇气。权限转移不仅有助于团队领导者成长，也有助于成员的成长。

解说
为什么现在要追求"快速经营"呢

**表6　与权限转移的四个条件的关联性**

| 权限转移的四个条件 | 共享目标 | ■共享使命、愿景、价值和战略等目标 | 过程目标 |
|---|---|---|---|
| | 个人能力 | ■接受权限转移的前提能力 | 过程目标 |
| | 结果预测 | ■可以合理地完成结果预测 | 报酬挂钩 |
| | 约定 | ■针对结果进行约定 | 自我设置 |

无论从赋权的心理学方法还是结构性方法看,明日之团公司重视的行动改变——促进每位团队成员行动的三要素"过程目标""自我设置"和"报酬挂钩"都很合理。

● 在明日之团公司的一年等于在普通公司的4年

本书最重要的关键词是"提升4倍的速度"。

明日之团公司所提供的人事考核制度和服务也是以一个季度为周期运行人事考核和提升4倍的速度的PDCA。不仅如此,明日之团公司最重视的也是按一个季

231

度循环。人事考核制度自不必说，所有的事情都是以提升 4 倍的速度持续运行。

我作为一个局外人、旁观者，看到他们分别以一周、一个月、一个季度、半年和一年为周期，持续高速且同时运行多个 PDCA，最终实现了快速增长。

其中以一个季度为周期最重要，而以一个季度为周期也是实现 4 倍的速度增长的关键。

明日之团公司的三个月相当于其他公司的一年，这是我作为旁观者的看法。给我的感觉是在他们公司经历一年所获得的收获，要在其他公司经历 4 年才能得到。

那么，有人会问，公司的员工是不是都疲于奔命呢？正如本书中写的那样，无论你什么时候见到明日之团公司的员工，他们都是精神抖擞，在快乐地工作。速度是一个不可思议的东西，具有吸引人的魅力，一旦习惯了这种速度，就再也不会像以前那样散漫了。不断地提高速度反而会带给人快感。这是我所看到的。

当然，企业有一个井然有序的机制，如果把赋权的要素巧妙地融入其中，也可以体会到高速度。

因此，每一位员工都能自觉地、充满活力地做各自的工作。这就是明日之团公司竞争力的源泉。

• • 解说
为什么现在要追求"快速经营"呢

## 解说执笔人简历

田中道昭

立教大学商学院研究生院商务设计研究系教授。芝加哥大学经营研究生院 MBA。专业是企业战略与营销战略以及使命管理与领导能力。历任三菱东京 UFJ 银行投资银行部稽查员、城市银行资产证券部经办人（副总裁）、美国证券银行结构融资部部长（负责人）、ABN 阿姆罗证券公司原创始事业部部长（常务董事）等，现任 Merging Point 股份有限公司董事长兼总经理。基于对零售、流通、制造业、服务业、医疗护理、金融、证券、保险和技术等多种行业的咨询经验，目前正在为杂志和网络媒体撰稿。他也担任 NHK World 经济节目《Biz Stream》的评论员。著有《亚马逊的大战略》《2022 年新一代汽车产业》《"使命"成为武器》等。

## 结束语

对于读完本书的诸位读者,我表示衷心的感谢。

最后,我一定要把下面这句话送给刚刚成为领导者的读者。

"作为领导者,在你管理成员的瞬间,就已经成为公共人物。"

团队领导者管理成员,等于管理成员的人生。

也许你会认为"这也太夸张了吧"。一天中,工作时间长达 8 个小时。除了吃饭、睡觉,你醒着时有一半以上的时间都是在工作。通过工作,许多人不仅体会到了喜悦,甚至能体会到喜怒哀乐。

从人生的丰富多彩这个角度来说,收入上涨,生活

### 结束语

会更富裕。成员的收入能否上涨，与团队领导者有极大的关系，与成员能否提高自己在公司里的价值和市场价值也密切相关。

当然，人生是否充实并非仅仅取决于金钱。你每天都过得开心吗？能真实感受到成长的快乐吗？可以体会到充实感吗？这些都很重要。成员能否通过工作获得这样的体会，不也取决于团队领导者吗？

如果真是如此，团队领导者在管理成员期间，可以说是在管理他们的人生。从他们可以影响他人的人生这个角度来看，他们跟为国家和地方、国民效力的人一样，都是公共人物。

以这个观点为出发点，我认为团队领导者在管理成员的时候，已经不再是个人，而是一名公共人物。公共人物这个角色，决定了他必须自律，不能够随心所欲地做事。

另一方面，成为公共人物之后，就能够为社会、弱者和他人送去幸福并做出贡献。

与其他职业相比，公共人物应该是人们最希望成为的吧？当然这只是我个人的看法。

成为团队领导者，等于成为公共人物，这是人类最本质的自我实现，满足了自己被社会承认的欲望。

另外，我想再解释一下明日之团公司这个名称中所包含的意思。

首先，把公司名称定为"团队"，是因为我认为团队才是日本公司的核心，也认为公司这个组织就是一个团队。

在体育队中，全体队员要共享夺冠的目标，每位队员都要以夺冠为目标，不断地拼搏。

公司也是一样，它由公司全体员工共享经营理念和愿景，以实现经营理念和愿景为目标，是公司全体员工不断努力工作的场所。

此外，体育队的运动员经常会说"为了体育队"之类的话；夺得冠军的时候，会说"我作为这个队的一员感到非常荣幸"。相反，失败了的时候，会说"我给体育队抹黑了"。

虽然企业的事务与体育运动不同，但是每个人的想法和心情不是与体育运动员的相同吗？

要提出大胆的目标，向这个目标努力前进，各具独立性的成员相互合作、协助，打造出具有协作精神的最佳团队，以期实现目标。虽然目前我们做得可能还不够，

## 结束语

但是在不久的将来，我们一定会成为日本最佳的团队和公司。我抱着这样的想法，将公司的名称定为明日之团公司。

尽管已迎来了创业的第 10 年，但是还远远没有实现这个理想。虽然有 2000 多家中小企业、风险企业引进我们公司的人事考核制度和服务，但日本需要人事考核制度和服务的中等规模的企业有 50 万家以上。

尽管我们以改变日本所有企业的人事考核制度为目标，但是现实情况是绝大多数企业依然在使用"过去的人事考核制度"。

如同汽车被人们称为一个行业，我也想被人们称为"人事考核制度行业"，但是目前还远远达不到这种程度。希望像我们这样，想通过改革人事考核制度使企业脱胎换骨，提高业绩、增强竞争力的企业越来越多。

我在序章中曾经阐述过，希望团队领导者成为火种。我自己也想成为火种，成为引领人事考核制度行业不断前行的团队领导者。

最后，我想对经常给予我指导并在本书中为我写解说的立教大学商务学院教授田中道昭表示由衷的感谢。

而且我想向明日之团公司的领导者和员工表示"感

谢"。因为与大家一起工作，我才能完成这本书的创作。

　　日本的商业环境变得更加严峻了。但是只要大多数领导者有一心为大家着想的意识，能够全身心地为团队、公司、本地区、日本以及全世界的人们努力，一定会开辟出一条光明的道路。

　　让我们一起努力吧！

2019 年 2 月

高桥恭介